William Horatio Crawford.

LAKELANDS.

CORK.

HISTOIRE VERITABLE DE CERTAINS VOIAGES PERILLEUX

& hazardeux sur la mer, ausquels reluit la justice de Dieu sur les uns, & sa misericorde sur les autres : tres-digne d'estre leu, pour les choses rares & admirables qui y sont contenues.

Pseau. 107.

Ceux qui dedans galees dessus la mer s'en vont,
Et en grand'seaux salees maintes trafiques font:
Ceux la voyent de Dieu les œuvres merveilleuses,
Sur le profond milieu des vagues perilleuses.

A NIORT.
Par Thomas Portau. 1599.

HEXASTIQVE SVR cette Histoire.

LES merveilles de Dieu sont toutes admirables,
Soit dans le ciel, dans l'air, sur la terre & la mer:
Mais souvent à la mer les faits esmerveillables
Sont plus grands & frequents qu'on sçauroit estimer.
Dont le divers discours de cette belle histoire
Est digne d'estre escrit au temple de memoire.

Par François Miziere, Poitevin, D. Medecin à Niort.

A MONSEIGNEVR Messire Philippes de Mornay, seigneur du Plessis-Marli: Conseiller du Roy en son Conseil d'Estat: Capitaine de cinquante hommes d'armes de ses ordonnances, Gouverneur de sa ville & Chasteau de Saumur, Surintendant de ses maison & Couronne de Navarre.

MONSEIGNEVR,

C'est une maxime tres veritable que tout homme nai de femme est sujet à beaucoup de miseres & calamitez; que sa vie, qui eſt brieve & courte, ne demeure jamais en un meſme eſtat, mais experimente tous les jours pluſieurs & contraires viciſſitudes; ſoit qu'il marche ſur la terre, ſoit qu'il voyage ſur la mer. Car tout autant de vents contraires qui s'oppoſent au cours de ſon voyage en la mer: autant ou plus rencontre-il de traverſes ſur la terre par la malice envieuſe des autres hommes qui s'efforcent de renverſer les cours de ſes deſſeins, tant ſoient ils ſaincts. Or s'il y a homme de noſtre ſiecle qui ait experimenté & experimẽte tous les jours la verité de ceſte maxime, il faut que je confeſſe avec verité que c'eſt vous, Monſeigneur, cõme il appert par les traverses & oppositions que font à vos actions & faits louables pour la gloire de Dieu, vos envieux, calomniateurs, & ennemis non seulemēt de vous, mais aussi de l'Eglise de Dieu : laquelle vous taschez d'edifier par vos saincts escrits, & eux de la ruiner pour soustenir leur Confusion par leurs escrits pleins de faussetez. Mais comme les loups & chiēs hurlent & abbaient en vain contre la lune, tels aussi seront leurs escrits contre vous. Car je croy certainement que vous estes tres-resolu de la providence de Dieu, qui gouverne toutes choses, depuis les plus grandes jusques aux plus petites, Que rien n'advient ni ne ſe fait qu'il ne le ſache & ne le permette, faiſant tourner le tout à ſa gloire, cõme auſſi toutes choſes tournent en bien à ceux qui le craignent. Qu'il commande aux vents, tempeſtes & orages, & tient en bride les meſchãs, pour ne paſſer plus outre que ce qu'il leur à eſtendu le cordage. Qu'il fait reluire en toutes choſes, ſa Iuſtice & ſa Miſericorde: ſa Iuſtice pour faire trẽbler les meſchans, qui cheminẽt contre lui à l'eſtourdie: ſa Miſericorde, pour convier a repentãce ceux qui deſirent jouir de ſa grace & faveur au milieu de tãt de maux & miſeres qui accompagnent la vie de l'hõme, juſques au sepulchre. Or je me suis advisé, Monseigneur, pour recreer vos Esprits parmi tant d'orages & tormantes que vous experimentez tous les jours, de vous presenter à lire un brief discours tres-veritable & tous plein d'orages, tormentes, miseres, perils & hazards estranges, dignes de grande admiration & estonnement, pour y voir reluire la justice de Dieu sur les uns, & sa misericorde sur les autres. Le tout estant advenu de nostre temps & memoire, en certains voyages faits sur la mer par aucuns de nostre nation Françoise. Comme les reschappez l'ont recité fidelement à un personnage digne de foy & aimant la verité, lequel vous cognoiſſez & aymez de longue main, cõme aiant exercé l'eſtat de Sergent Major par le commandement de noſtre Roy en ſa ville de Saumur, ſoubs voſtre commandement. C'eſt le Capitaine Bruneau, ſieur de Rivedoux en l'iſle de Ré, à qui je ſuis étroittement allié. Et d'autant que je m'aſſeure que vous l'avez aimé & l'aimez cõme l'aiãt experimenté tres-fidele au ſervice de ſa Majeſté, & qu'il vous à eſté & vous eſt touſiours fidele ſerviteur; cela me fait aſſeurer que pour l'amour de lui vous lirez d'autant plus volontiers ſon recueil. Car combien qu'il n'ait jamais eſtudié en la cognoiſſance des bõnes lettres, qui ſont les hommes Hiſtoriographes; mais à paſſé ſon temps à l'exercice des guerres inteſtines de ce Royaume, ſi eſt-ce toutesfois qu'en faiſant le Recueil de tels voyages hazardeux on voit reluire en ſon lãgage une grande candeur & fidelité, deſirant de reciter choſes vraies à la poſterité, pour admirer les merveilles de Dieu qui reluiſent en ce diſcours. Voila qui me l'a fait juger digne d'eſtre mis en lumiere, tant pour la gloire de Dieu, que pour l'inſtruction de tous ceux qui deſirent de profiter es chaſtimens, & jugemens que le Seigneur exerce en ce monde pour humilier les hommes soubs son obeissance. Et pource que plusieurs langues veneneuses pourront selon leur ordinaire detracter, mesdire, & blasmer ce present discours, j'ai estimé que pour servir de cõtre-poison à l'encontre d'un tel venin je nepouvoi choisir un meilleur protecteur aimant à soustenir choses vraies pour le lui dedier, que vous, Monseigneur, qui aimez l'Auhteur, & qui recevra un singulier cõtantement de voir son ouvrage mis en lumiere soubs l'authorité que vostre Nom s'est acquise entre les gens de bien. Ioint aussi que je me promets tant de vostre amitié, laquelle i'ai cogneuë estre sincere en mon endroit de long temps, que vous recevrez ce petit present, (petit en soi, mais grand quand aux merveilles de Dieu) d'aussi bon cœur, comme de tout mon cœur ie prie Dieu

MONSEIGNEVR, pour vostre prosperité & grandeur, qu'il vous benie & conserve longuement sur la terre, pour le bien & l'edification de son Eglise. A Niort le premier de Ianvier. 1599.

Vostre tres-humble & obeissant serviteur, LOIS D. L. BLACHIERE, M. D. S. E. *audit Niort.*

L'AVTHEVR AV Lecteur.

IL est certain qu'entre les dangers qui se rencontrent au passage de ceste vie humaine, il n'y en a point de tels, de pareils, ni de si frequents & ordinaires, que ceux qui arrivent & aviennent aux hommes qui frequẽtent la navigation de la mer; tant en nombre & diversité de qualitez, qu'ès violences rigoureuses, cruelles & inevitables, à eux communes & journalieres, & telles qu'ils ne se sauroient asſurer une ſeule heure du jour d'eſtre au nombre des vivants. Car premierement s'il eſt queſtion de conſiderer en quelle habitation ils ſe logent pour traverſer une ſi grande campaigne, meſmemẽt ceux qui vont aux Indes, au Perou, & aux Moluques, dont la moindre eſt de douze à quinze cẽts lieues de pays, en un vaiſſeau ſi foible, ſi fragile & de ſi peu de force, eu eſgard aux efforts qu'il leur convient ſupporter de la rage & furie de la mer : tout homme de bon jugement, apres qu'il aura accompli ſon voiage, recognoiſtra que c'eſt un miracle manifeſte d'avoir peu eſchaper tous les dangers qui ſe ſont preſentez en la peregrination d'icelui, d'au-

tant que outre ce que disoient les anciens de ceux qui vont sur la mer, n'avoir entre la vie & la mort que l'espesseur d'une table de planche, qui n'est que de trois ou quatre travers de doigts: il y a tant d'autres accidẽts, qui iournellement y peuvent survenir: que ce seroit chose espouvantable à ceux qui y navigent de les vouloir tous mettre devant les yeux lors qu'ils veulent entreprendre leurs voiages. Qu'ainsi soit pour faire assembler ces tables ou plãches les unes aux autres dont est construit cet edifice de navigation, il est impossible de tellement les unir ensemble par chevilles, cloux, & autres instrumẽs à ce necessaires, qu'il ne soit be-

soin d'avoir, estoupes, bré, resine, gouildron, huille de poisson, & telles autres matieres bruslables & combustibles, & d'icelles tellemẽt cimẽter les fẽtes, trous, & autres veues & voyes d'eau qu'apellent les mariniers; que s'il est poßible il n'en reste aucuns, ou tous ces ingrediens ne soient appliquez: sur peine qu'estant au voyage, & en aiant oublié quelqu'uns qu'elle ne face perdre tout le navire, & ce qui est dedans; si soudainement il n'y est pourveu: comme de fait il s'est veu arriver tant de fois à plusieurs navires en leurs voiages, ou ils sont peris par ces fautes-la; ou bien leur a convenu abandonner homme dedans la mer pour aler sous laquile ou fons du navire calfeutrer quelque voye d'eau qui avoit esté laissée a boucher lors de sa cōstruction. D'ailleurs s'il avient que quelque gouttiere se face sur le tillac dudit navire, ou sur les chābres d'icelui il n'y a nul moyen de l'estancher ou ratoustrer, qu'en prenant le hazard de toutes les matieres cy dessus, dont il faut faire mixtion; & avec feu bien allumé au bout d'un gros baston garny d'estoupe, bré, resine, & gouldron, que les mariniers nomment guipon, passer dessus lesdites chambres qui en sont desja empoissees, dés le premier bastiment. Tellement que c'est chose si dangereuse que vous verrez en ce discours un navire brusler allãt a terre neufve pour avoir baillé a recouvrir de cette façon la chambre du capitaine & bourgeois d'icelui. D'ailleurs, que faut-il d'inconveniẽt pour mettre le feu es poudres qui sont dans le navire? Car il c'est veu par tel accidẽt la moitié d'un navire avoir esté emporté en l'air & tout ce qui estoit dedans, & puis retomber en la mer avec perdition de toute sa charge. Au parsus que void on avenir par les tempestes & orages qui surviennent soudainement sur la mer, surprenant le plus souvent Pilotes & Nautonniers en telle façon que n'ayans loisir d'amesner ou mettre bas les

uoites, se voyent accablez & rẽ-
versez par la violence du vent qui les surcharge? Quant a l'impetuosité de la mer lors qu'elle est agitee des tempestes, qui a iamais riẽ veu de si furieux de si horribles ne de si espouvãtable? Seroit il poßible de le croire qui ne l'auroit veu; Certes il faut confesser avec le Psalmiste que l'homme n'a point veu les merveilles du Dieu vivant, qui n'a veu les furieuses tempestes de la mer: & qu'entre tous les perils que passent les humains en ce miserable monde, aucuns n'approchent de ceux que voient les mariniers en leurs voiages. Et pour la fin, apres tant de perils eschappez sur

la mer par les povres mariniers pres d'approcher de leur havre, il ne faut qu'un escueil, un banc de sable, ou de roche, ou le navire ira aborder, pour perdre navire, equipage, richesses & marchandises y estans. Outre que l'on a veu des voiages si longs, que victuailles & provisions defaillans, les mariniers ont esté contraints en manger les uns pour substanter les autres. Or je ne passeray point plus avant en matiere pour le coup pour faire voir ce que j'ai peu recueillir du discours des voiages hazardeux fort veritables recueillis des propres personnes qui ont fait les voyages, la pluspart encore vivans, gens cre-

dibles, & que pour rien du monde ne voudroient avoir rapporté choses fausses. Ie prie Dieu là dessus qu'il me face la grace de vivre perpetuellement en sa crainte.

MERVEILLEVX VOIage & Naufrage advenu sur une roche en la mer à quatre lieues de terre.

EN l'annee mil cinq cens cinquãte neuf un marchand marinier du bourg de Marennes en Xainctonge pres brouage nommé Iean Samson, aiant fait construire une barque ou navire audit lieu, du port de quarante tonneaux ou environ, pour s'exercer en son art de marchand marinier, s'embarqua audit lieu de Marennes dãs ledit navire chargé de vin pour aller descharger en Bretagne: en quoi faisant & estant audict voiage environ la fin du mois de Novembre, arriva de malheur que pres le Ras de Brehac ledit navire alla heurter contre une roche qui est assez avant à la mer, nommee par les mariniers Roquedouc, distãt de quatre lieues de terre plus prochaine, qui est l'isle de Brehac, sur laquelle roche ne demeurerent lõg temps que le navire ne fust aussi tost brisé, rompu & dissipé, & la marchãdise perdue, & tout ce qui estoit dedans; fors toutefois les mariniers de l'equipage d'icelui, en nombre de huict hommes, sans conter Ieã Samson, les-

let & de quelque charge de poudre, que l'un d'eux avoit garenty dedans le fons de ſon bõnet, furent contraints par neceſſité de retourner audit Cageux; & raſſemblants ce qu'ils peurẽt de ſes pieces l'emmenerent juſques a ladite riviere, afin de s'en ſervir pour la paſſer. Mais cõme le malheur de ces povres gens n'eſtoit du tout accõpli, & que la ſuitte de tous les autres qui devoient acõpagner le premier n'eſtoient entierement arrivez : quand ils furent preſts d'embarquer ſur ledict Cageux, il ſe trouva ſi defectueux, que impoſſible fut d'en recevoir deſſus que vingt ſeulement, & cinq qu'il leur falut malgré eux laiſſer de l'autre coſté de la riviere, attendãs le paſſage des vingt, leſquels ne furẽt chiches de promette aux autres cinq, de les envoyer requerir: & ſur ceſte eſperance y demeurerent, & y ſeroient encore, s'ils n'euſſent trouvé autre moiẽque celui-là, de faire le voyage. C'eſtoit pourtant une grande deſloyauté aux vingt d'abãdonner ainſi ces povres cinq hommes, aians moyen de les retirer à eux comme compagnions de fortune: & ne m'esbahy pas beaucoup des maux qu'ils endurerent encore puis apres, & du dãger ou ils ſe virent tous d'un meſme inconvenient; pource que Dieu qui eſt le juſte Iuge, ne delaisse point les iniquitez impunies. Voila donc les vingt passez, & les cinq laissez avec un merveilleux regret d'estre ainsi abandonnez de leurs compagnons, lesquels tous ensemble avoient esté tant à la recerche de leur Cageux, que reformation d'icelui bien quatre jours, sans avoir aucune commodité de vituailles ne bruvage que de la pesche qu'ils faisoient de quelque petit coquillage à la coste cõme Crigauts, ressemblants à limats de terre, & de quelque moulue qu'ils atrapoient pour la grãde quãtité qu'il y en a autour de ladite isle. Ainsi nos vingt hommes ayãt laissé là leur Cageux, prindrent leur chemin le long de la coste pour rencontrer le reste de leurs gens ; à quoi faire ils employerent quinze jours entiers, avec tant de peine, tant de travail, & tant d'incommoditez qu'à peine peurent-ils parvenir jusques a eux. Car premierement ils trouverent le chemin si aspre & si difficile, tant par le moyen des roches, que de la quantité de mousse (à cause que ladite isle est inhabitee & non frequente) & tāt pleine de bois, ronces & espines, qu'il leur falut par necessité couper leurs chapeaux & en faire des semelles à mettre sous leurs pieds, a cause que leurs souliers s'y percerent tous. Leur retraitte au foir eſtoit ſous les arbres, dedans leſquels ils mettoiēt le feu pour ſe chauffer, à la lueur duquel une grande quantité d'oiſeaux ſe venoit jetter, & tomboient en iceluy gros comme coubejaux ou courlis, gris de couleur, & le bec fait cōme perroquets; deſquels ils mangeoient cuits ſur les charbons: & pour leur boire ils le prenoient ſur des fueilles de palmes, qui reſtoit de quelque brouillart qui avoit fait auparavāt n'aiāt recours pour lors à toute autre cervoiſe inebriaque: de maniere qu'avec ceſte vie champeſtre ils avoient les quinze jours accomplis à rencontres les vingt autres de leurs compagnons qui s'eſtoient ſauvez ſur l'autre Cageux, ou ambraſſades ne furent eſpargnees pour la bien venue, fort joyeux de ſe revoir tous enſemble pour ſe conſoler en leurs deſaſtres & mauvaiſes fortunes, contre l'opinion que les uns avoient de ne retrouver jamais les autres.

Quelques jours apres, & fort peu de temps arriverẽt ſemblablemẽt les cinq qui avoient demeuré de là la riviere: & apres toutes leurs plaintes & querimonies, reconciliation fut faite entr'eux de toutes offenſes paſſees, avec proteſtation à l'advenir de ſe tenir fidelité fraternelle, & outre de mettre tous d'un meſme accord la main à la beſongne, qui avoit eſté ja encõmēcee par les vingt, qui avoiēt avec eux un charpentier & avoient tellement employé le temps qu'ils avoyent un beau commencemēt de barque qui pouvoit eſtre eſtāt parachevee, de neuf à dix tonneaux: Ce que executant chacun commença à prēdre charge, les uns de couper bois, les autres de l'apporter les autres de ſauver ce qu'ils pouvoient des fragmens du navire & Cageux, autres aller a la peſche pour nourrir les ouvriers & finalement firent tel devoir, que deux mois apres du jour de leur arrivee en ladite iſle, la barque fut entieremēt faite & parfaite puis calfeutree du mieux qu'ils peurēt des vieilles eſtoupes qu'ils tirerent des pieces de leur navire, & de mousse qu'ils prenoient en ladicte isle : & le premier jour de Caresme qui fut la fin des deux mois furent prests d'embarquer, ayant avitaillé leurdicte barque de chair de tortues, dont ils avoiēt prins quantité & fait secher : Car en ceste isle-là il s'en trouve de monstrueuses & grandes, lesquelles sortās de l'eau s'endormoient a terre ; & lors subitement l'on court avec leviers & gros bois pour les tourner le vētre en haut, afin de les tuer apres. D'ailleurs ils avoient des oiseaux dont ci dessus est parlé, qu'ils avoient fait secher & rostir au Soleil; & pour breuvage

quelque barique d'eau qu'ils a-
voiẽt remplis en une mare qui
estoit en ladicte isle. Or estant
fort pres de leur embarquemẽt
il leur arriva un merveilleux accident, & que peu s'en falut ne
fust executé, plain de trahison
& de desloyauté: c'est que le
pilote, le maistre & le charpentier avec quelques autres de l'e-
quipage, jusqu'au nombre de
dix ou douze doutans ou crai-
gnans que la barque nouvelle-
ment construitte ne fust suffisante pour les retirer tous, com-
plotterent par ensemble de la
desrober; & un jour qu'ils la ver
roient preste s'embarquer dedans & l'emmener, laissans le
reste en ladicte isle: A quoy vo-

lontiers ils fussent parvenus cessant que Dieu permit que leur conjuration fut descouverte par un de la troupe, qui peut estre poussé de quelque compassion de ceux qui resteroient, ou de crainte de tomber en punition, la chose revelee par quelque autre advertit de ladite conspiration; laquelle ne fut rejettee ne mise a mespris, ains en mesme instant estant recerchez, furent les chefs de la cõspiration saisis, en mesme heure enquis, & leur proces fait & parfait, iceluy mis sur le bureau & en deliberation. Par la pluralité des voix qui a ceste fin en furent recueillies, arrest en interviẽt (car ainsi le doit on appeller, parce qu'il n'y avoit point d'apel) par lequel le maiſtre, le pilote, & un autre leur compagnon, Normans de nation, ſont condãnez a la meſme peine qu'ils avoient deliberé leur faire ſouffrir : & ſans beaucoup de delai, & retardement, l'execution faite d'icelui. Car le premier jour de Caresme, dont cy deſſus eſt faict mention, voila nos aventuriers embaquez dedans leur arche, avec ſi peu de triſtes vituailles qu'ils peurẽt recueillir, fors toutesfois les trois releguez, qui demeurerent. Et au lieu qu'ils devoient prendre le retour de Frãce, conclurẽt de s'en retour- au Perou, d'autant qu'ils doutoiẽt fort de la ſuffiſance de leur nasselle a tel passage. Nos trois hommes demeurerent cependant a la Vermude punis de la mesme peine qu'ils avoient desiré aux autres. Certes je trouve selon mon jugement que encore en eurent ils bon marché, veu les crimes qu'ils avoyent commis en ceste conjuration; savoir de la trahison qu'ils commettoient a l'encontre de leurs compagnons de fortune, de la perfidie qu'ils exerçoiét, du vol qu'ils commettoient, & des meurtres volontaires qu'ils faisoient. Car tout cela ne se pouvoit punir que de mort, veu telle lascheté. Est-il possible qu'au coeur des hommes il y ait une si malheureuse & si damnee opinion, de trahir de la façon ses compagnons, qui avec peine & fatigue cõmune s'estoient employez apres tant de perils à cõstruire la barque qui les devoit sauver tous? L'humanité estoit elle du tout perdue en ces gens là? Or nous les laisserons sejourner à la Vermude, pour revenir au reste de nos guerriers, qui estoient encore au nombre de quarante deux, sans aucunes armes, si ce n'estoit les outils du charpentier: lesquels reprenans la route du Perou, qui estoit de trois cens lieues, au lieu de venir en France, ou il y en avoit dix-sept cens, qu'il leur estoit impossible de traverser en un si miserable bateau, mal muny de vivres, peu calfeutré point armé, & chargé de peuple: sont trois semaines à la mer premier que recognoistre aucune terre, ni que faire rencontre d'aucun navire ou vaisseau, mais apres lesdites trois semaines passées descouvrirent une isle appellée la Monne, avoisinant ladite terre du Perou, devant laquelle trouverent une petite Carvelle toute neufve, du port de douze ou quinze tonneaux: dedans laquelle y avoit deux ou trois hõmes, lesquels espouvantez de la veue de tant de gens abandonnerent ladite carvelle, & se sauverent à terre avec un petit esquif ou bateau attaché à icelle; laquelle fut incontinent saisie par nos avanturiers bien joyeux d'avoir trouvé quelque meilleur logis, auquel y avoit quelque peu de vituailles, bien apareillee de voiles, cables & ancre: & avec elle passerent outre & parvindrent jusques a une isle de ladite terre du Perou; nōmee Montechriste; en la rade de laquelle trouverent un navire Portugais chargé de sel, du port de soixante dix tonneaux ou environ; l'equipage duquel voyant tant de peuple en un si petit vaisseau, eurent peur qu'ils ne fussent pirates, & sans les attendre jetterent ce qu'ils peurent dans leur petit batteau, & abandonnans le navire se sauverent à terre, duquel nos miserables s'emparent incontinent: & ayans cerché en iceluy trouverent quelques vituailles, deux vieilles espees, & quelqu'autre petite cōmodité, qui les réjouit aucunemēt, mesme de ce qu'ils estoient dés là en un navire capable de les retourner en France. Cependant le pilote Portugais, à qui apartenoit le navire, le voiant saisi de ceste façon eut opinion que c'estoient gens qui tenoient pour seditieux ceux qui avoient de l'argent: & qu'avec quelque cētaine de ducats il pourroit racheter son navire d'entre leurs mains, & en ceste deliberatiō s'embarque de terre en un petit bateau avecdeux ou trois hommes avecque luy.

Ledit pilote Portugais, asseurãce prinse des preneurs, approche & vint à bord du navire, les supplians de la delivrance d'iceluy, moyennãt cent ducats qu'il leur offroit. Les uns s'y accordoient presque, d'autres y resistoiēt remōstrãs leurs malheurs passez, & leur estat present: & qu'ils seroient bien miserables se voyans assez bien logez, de se remettre encore dans leur nasselle pour retourner au peril passé. Le tout consideré cōclusion est prinse de retenir le navire; & non seulement le navire, mais le pilote d'icelui, qui fut recogneu par quelqu'un d'estre vn habile pilote & suffisant pour la navigation de ces costes du Perou: dequoi le Signor Portugais aiant receu l'advertiſſemēt pensa deſeſperer pour avoir eſté ſi vilainemēt trompé de ſon intention: & de rage & de deſpit en print un tel mal au cœur, qu'il en pēſa mourir, demourāt quatre jours dans ledict navire ſans vouloir boire ny manger, quelque priere que luy en fiſsēt les nouveaux poſſeſſeurs ; qui l'admonneſtoient & faiſoient admonneſter par un truchemēt de ne ſe contriſter de ceſte façō: & qu'en tout cas il ne faloit point qu'il ſe miſt en la fantaſie d'échaper de leur mains, ne ſon navire, ſinon qu'il leur donnaſt q̃lque invētiō d'ē recouvrer un autre meilleur pour recouvrer le ſiē. A ceſte nouvelle le Portugais se voiant prins & sans moiẽ d'eviter la compagnie de ces gens-là, reprint courage, & se resolut de suivre leur fortune, & leur donner quelque invention aux despens d'autruy, de se redimer de leurs mains, & d'en eschapper : faisant & imitant en cela le bon cerf, lequel estant poursuivi des chiens, a ceste industrie de se jetter sur quelque autre qui sera relaissé, & à coups de corne le faire lever pour se mettre en sa place, afin que les chiens suivent celui qui sera sur pieds. Ainsi nostre pilote Portugais capitula avec nos avanturiers, & transigea verbalement avec eux, que partant qu'il leur mettroit entre leurs mains un meilleur navire que le sien & plus riche, qu'en ce cas delivrãce entiere lui estoit faicte de sa personne & de son navire. Des lors en faveur dudit marché voila le Portugais qui conduit tellement ses parties, qu'il les meine devant une isle nommee la Lugane, pres de laquelle & jusqu'à terre il y avoit un navire de sept à huict vingts tõneaux, chargé de sucre, cuirs & casse, dans lequel parroissoit nombre d'hommes qui ne faisoient plus que minuter le jour de leur retour; qu'il leur montra & leur dit que c'estoit à eux de se mettre en devoir de se rendre maistres dudit navire suffisant pour les faire riches. Ces desesperez icy quoy qu'ils n'eussent aucunes armes que deux vieilles espees rouillees, & quelques ferremens du charpẽtier, s'embarquent neantmoins tous dans la petite carvelle qu'ils avoyent prins auparavant ; & sans ne retarder ne marchander, nagent droit a bord dudit grand navire l'equipage duquel les voyans ainsi venir, se mettẽt sur leurs armes, faisant mine de se vouloir defendre, paroissans sur le bord les espees en la main pour espouvanter, les assaillans : mais nonobstant tout cela ne des coups de Canon qu'ils leur tiroient, ils ne laissoient de continuer leur entreprinse, sans faire non plus de conte des coups de Canon que faiſoit Gargantua autrement & ainſi allans droit à bord dudit navire, ils eſtonnerent tellement les gardeurs d'icelui, que le plus gentil compagnon ſe gettoit le premier à terre, & tous en faiſant le ſemblable : en fin le laiſſerent vuide d'hommes pour un tēps, mais auſſi toſt remuni & accōmodé de nos aſſaillās, qui ſe voians mōtez à l'avātage d'un bon & grād navire avitaillé ſuffiſammēt pour le retour de leur voiage, chargé de ſucres & cuirs, je vous laiſſe à penſer, ſi la joye leur fut moindre que la triſteſſe de leur premiere perte leur avoit eſté : & faiſant la figue aux Eſpagnols, qui taſchoient a redimer leur navire pour de l'argent, commencerent à desrader de là & beuvãs les uns aux autres d'une bote de vin sec qu'ils trouverent: prindrent le chemin de leur retour en France: dõt bien joyeux nostre Portugais qui esperoit sa liberté & de son navire, ayant accomply & effectué sa promesse, lui fut neatmoins impossible d'eschapper sa personne de la main de ces nouveaux preneurs: Ains apres avoir laissé le navire du Portugais, le prierent à cause de sa suffisance, les vouloir piloter en France l'asseurant qu'outre ses cent ducats qu'ils luy rendroient, ils le feroient participant de la valeur de ladite prinſe. Se voyant ainſi eſtroittemẽt engagé parmy eux luy fut de neceſſité d'y obeir. Et de fait a-pres avoir laiſſé ſon navire en la garde de ſes mariniers firent à la voile & s'en vindrent trou-trouver le Cap de ſainct An-thoine, ou ils rafraichirent leurs eaux, & renforcerent leurs vi-vres de nõbre de tortues, qu'ils y prindrent: & de la ſortent par le canal de baſme, pour la ſecõ-de fois afin de rencontrer les vents d'avaux comme ils firent & joyeuſement s'en revindrent en France, arrivãs à la Rochel-le deux ans apres qu'ils en e-ſtoient partis, qu'un chacun les avoit effacés du livre des vivãs, ou leur prinſe fut vendue dix mil

mil escus, dont ils donnerent quatre cens à leur pilote & l'envoient bien contant. Ie ne sai à quoy accomparer la joye de ces povres gens-là, s'estãs veuz arriver à la Rochelle à port de salut, apres avoir tant de fois eschappé la mort qui les suivoit journellement. Ie croi que celle des Romains à la ruine de Cartage ne fut pareille, s'ils voloient considerer les eschappatoires qu'ils avoient fait durant ceste peregrination si longue & si hazardeuse. Ie n'oublieray aussi a mettre que peu de temps apres l'arrivee de tout cet equipage, les trois hommes qui avoient esté laissez en exil à la Vermude, retounerent à Diepe, aiant esté prins par quelque navire qui passoit devant ladite isle. Est à noter aussi qu'en ladite isle quoy qu'elle soit pleine de bois, de mousse, de ronces & espines, neantmoins jamais nos voiageurs n'y recogneurent aucuns animaux vivans, serpẽs ne autres bestes venimeuses, ains grande quantité des oiseaux cy dessus.

AVTRE VOYAGE fait au Perou, ou il se void la violence d'un coup de vent apellé * Houraquan, avec les perils que passent ceux qui le rencontrent.

* Ce vent nommé *Vracan* soufle ordinairement aux mois d'Aoust, Septembre & Octobre, és environs des Isles de Navace & Iamayque, à quelque six vingts lieues de l'Isle S. Dominique. Ce mot *Vracan* est un vocable des insulaires lequel signifie en leur langue les quatre vents ioints ensemble & souflans l'un contre l'autre.

DVrant que les preparatifs d'une armee navale se dressoient en Brouage, faisant bruit d'aller faire un voiage en Flãdres, qui neantmoins ne tendoit que ſur la ville de la Rochelle, ainſi que depuis l'experience nous le fit voir : il s'arma & accommoda beaucoup de vaiſſeaux en intention dudit voyage, incogneu à la pluſpart de ceux qui s'y employoient, leſquels trompez en leurs deſſeins, apres pluſieurs deſpenſes exceſſives taſcherent de les recouvrer ſur quelque voyage lointain, pendant que les autres nous viēdroiēt attaquer en cette ville. Ie di nous, pource que je me jettay (voyāt les feux allumez en ce Royaume par pluſieurs meurtres execrables qui s'y commettoyent) dans ladite ville de la Rochelle, ou je demeuray tout durant ledit ſiege.

commandãt à une compagnie de gens de pied estrangers, ou je fu dix mois renfermé premier qu'en partir : durant lesquels il se fit d'aussi beaux exploits de guerre de part & d'autre, que peut estre en ville qui aye jamais esté attaquee en Frãce : Cependant nous la laisserons-là pour continuer le discours entreprins. Advint donc que durant ledit temps, qui fut au mois de Septembre de l'an mil cinq cens soixãte & douze, M. d'Ouartis Gentil-homme de Picardie, n'ayant qu'une jambe & l'autre de bois, avoit une galliote du port de quarante tonneaux ou environ laquelle il se resolut envoier aux Canibales, voyage de quatorze ou quinze mois ; & pour ce faire en ayant communiqué avec mõsieur de Stroſſi, lors Colonnel de l'infanterie Françoiſe, voulut en eſtre l'avitailleur : & de fait apres avoir eſté munie de toutes ſortes de vivres neceſſaires audit voiage fut armee de quarante hommes tant ſoldats que mariniers, commandez par un Capitaine de Feſcamp nõmé le Capitaine Maillard, ayant pour ſon Lieutenant le ſieur de la Fontaine Gentilhomme de Picardie : & ayãt prins outre leurs vituailles pour la valeur de quatorze cens eſcuz de marchandiſe, comme draps, toiles, couteaux, poignars & autres quincaillerie dont ils pensoient trafiquer avec les habitans desdicts Canibales, & fournis de toutes choses, se trouve preste à faire voile le vnziesme jour dudit mois de Septembre 1572 qu'ayant prins leur route, & portant le cap de leur navire autrement la proüe à Ouest, eurent cognoissance de la coste de Barbarie pour la premiere terre, au droit le Royaume de Fez: devãt laquelle trouverent un navire Portugais du port de soixante à quatre vingts tonneaux; l'equipage duquel ayant descouvert ladite galliote se met en deliberation de l'enlever, & de fait s'en vindrent a pleine voile aborder ladite galliotte où il fut receu d'une autre façon qu'il n'esperoit, & que trompé au marché qu'il avoit fait, il s'en falut desdire par la perte du navire, qui fut prins par le Capitaine Maillart & emmené à bien cent cinquante lieuës de la en une isle nommee Lancelote apartenant au Roy d'Espaigne, ou il vẽdit ledit navire, & en receut en payement des cuirs, du vin, de la viande, & des figues, avec quelque argẽt. Et apres cela, cõtraints du mauvais temps, firent voile tenant la route du Perou, apres avoir laissé un cable & une ancre, & continuerẽt tellemẽt leur chemin qu'ils firent cinq cẽs lieues premier que parvenir a aucune terre; dont la premiere fut une terre au Perou, dans laquelle entre la riviere de Lore, laquelle ils costoyerent quelque tẽps, & jusques à ce qu'ils arriverent à une isle nõmee des Laisards, qui contient environ quatre lieuës de long, dont le Capitaine & soldats furẽt tous resiouis sous l'esperance qu'ils avoient de trouver de l'eau douce, dont ils avoient besoin : mais pied à terre qu'ils eurent, furent quelque espace de temps sans rien trouver, fors une grande quantité de laisards, gros comme seroit un enfant d'un an, gris de couleur, desquels ils tuerent & mangerent, & les trouverent fort bons. Et apres avoir observé la façon desdits animaux, remarquerent que leſdits laiſards gravoient dans des arbres y mãger d'une eſpece de fruict ſemblable a nos meures, le bout deſquels arbres coupé eſtoit rouge comme bois de Breſil: & apres que leſdicts animaux avoient mangé, ſe retiroient ſous nombre de pierres qui eſtoient là pres: dont ils recueillirẽt que il y pourroit avoir de l'eau ou ils aloient boire: & ſur ceſte opinion commencerent a remuer ces pierres ſous leſquelles ils ne faillirent de trouver une fontaine, dont ils prindrent quelque barique d'eau, ſans trouver que manger en ladicte iſle, fors une eſpece d'oiſeaux, gros comme cormorans ou poules, gris de couleur, qui ſur la nuict venoyent en ſi grande quantité ſur ceux qui eſtoiẽt a terre, que ils avoient de la peine a s'en defendre avec eſpees & baſtons, en en faiſant quelquefois tomber ſur la place trois ou quatre cens, ou plus, dont ils mangerent & emporterent dans leur navire. Et apres laiſſans ladite iſle des laiſards, ſinglerent environ trois cens lieuës de traverſe, juſques a ce qu'ils rencontrerent une terre apellee la Dominique, qui eſt une terre des Indes a vau le vẽt, c'eſt a dire ſous le vent, de la Gardeloupe, qui eſtoit une rade qu'ils cerchoiẽt, où tous les navires qui viennent du Perou & des Indes ſe viennẽt rafraiſchir d'eaux pour plus aiſement paſſer le reſte d'un ſi grand voyage : de maniere que s'ils euſſent peu gaigner ledit lieu de la Gardeloupe, ils eſperoient des là parachever leur voyage a leur deſir, en y rencontrant quelque navire venant du Perou. Cependant le malheur les aiant mis hors de leur route, ſur laquelle il eſtoit impoſſible de plus ſe remettre, il falut prẽdre autre reſolution: qui fut que de l'iſle de la Dominique, & la coſtoyant, ils trouverẽt un vaiſſeau a bien un quart de lieuë de terre, de merveilleuſe longueur, comme il leur ſembloit, chargé de nombre d'hommes, habillez de diverſes couleurs: ſurquoi firent jugement que c'estoit une gallere garde-coste : toutesfois l'ayant approchee en intention de l'attaquer ou de s'en deffendre recogneurent que c'estoit une espece de fregate, faite d'escorce d'arbres, dans laquelle y avoit vingt hommes tous nuds & peins neãtmoins de couleur rouge, jaune & autres, lesquels, avec asseurance qu'ils prindrẽt de la galiotte, s'en approcherẽt, non toutesfois jusques à bord, mais quelque peu eslongnez: l'un desquels vingt hommes estãt sur ladite fregate, estoit sur le devant du vaisseau nud comme les autres, aiant seulemẽt sur la teste un petit chapelet fait de plumes de perroquets, semblable a ceux que lon baille aux mariees en ce Royaume, & dās son bras une rondelle de cuir: qui fait croire que c'estoit le chef de cette bande, lequel hōme approché qu'il fut, commē-ça à crier fort haut, *Cassave patades*, qui sont deux mots signifians qu'ils avoient du pain, & de certaines racines, grosses cōme raves ou naveaux: le pain apellé *cassave* & les racines *patades*. Le pain estoit de mauvais goust, mais les raves estoient aucunemēt bonnes cuites sous la braise ou bouillies dans un pot. Ladite fregate estant attachee d'assez loin à une corde de la galliotte, les hommes d'icelle jettoient quantité de cette *cassive & patades* aux nostres qui en recompense leur donnoient du pain, du vin, & quelque couteaux; essaiant quelquefois de tirer la corde pour les aprocher plus pres d'eux : mais s'en appercevans ces tritons quittoiét la corde, aimãs mieux faire jetter un homme à la mer pour prendre ce que lon leur donnoit, que non pas demeurer attachez. Et en cet estat ayans continué ce trafiq, en fin se retira ladite fregate à terre, promettans les hommes d'icelle de retourner le lendemain avec de l'or & de l'argent, pour changer avec ceux de la galliotte pour autre marchandise : mais quelques uns d'entr'eux recognoisſant le pays & le peuple le plus deſloyal qui ſoit au monde, fut d'avis que l'on ne fit q̃ le moins de ſejour que l'on pourroit. Ie m'oubliede dire que ces hõmes nuds avoient dans leur batteau grand quãtité de poiſſon, qu'ils avoiẽt peſché avec la ligne & le hameçũ, groscõme carpes, plat, fort rouge, & mol au manger: & eſt à preſumer que c'eſtoient peſcheurs de ladite iſle de la Dominique. Apres cela ceux de la galliotte entrerent en une mer fort pacifique, & dans laquelle il n'y avoit aucunes vagues, ſur laquelle ils naviguerẽt bien quatre vingts lieuës avec bien petit vent d'amont, autrement Nort ou Bize qui les cõduisit jusques à deux isles, l'une nommee la Monne l'autre le Momusque ; esquelles ils ne voulurent point mettre pied à terre, d'autant que par le raport de ceux qui les cognoissoient, elles estoient infructueuses & desertes. Partant passans outre, s'en allerent reprendre la terre de sainct Dominique, environ à trente cinq ou quarante lieuës de là, qu'ils arriverent un matin à l'emboucheure de la riviere dudit lieu, cuidans y faire quelque bonne rencontre : dont se voyans privez, s'en allerent en une isle appellee la Couue & sainct Iean de Porterique environ a dix-huict ou vingt lieues de ladite riviere, en laquelle ils mirent pied a terre, pour y prẽdre de l'eau dans un estang qui y est : mais ils furent estonnez que aprochans ledit estang, ils virent sortir d'icelui un Crocodille fort monstrueux, lequel à la despourveuë faillit d'en attaquer aucun d'eux : qui fit que l'ayant recogneu coururent à leurs armes, & firent en telle sorte qu'ils le tuerẽt à coups de piques & d'arquebus, & laisserent ladite isle, pource qu'ils n'y trouverẽt aucunes cõmoditez: & si n'y virent aucuns animaux fors de gros mastins de chiens qui avoient fait des petits dãs le creux d'un arbre, dõt ils prindrẽt deux, & puis se rembarquerent. De la Couue & sainct Iean de

Porterique s'en allerent au cap de Croix, a bien seze lieues de là, devant laquelle cuidans rader trouverent qu'il estoit impossible, a cause des roches & dangers qui estoient autour d'icelle: de maniere que cela fut cause qu'ils y firent fort peu de sejour: & sans y arrester passerent outre, & vindrent à une isle esloignee devingt-huit lieues de la susdite, appelle la Iomarique, en laquelle ils mirent pied a terre, & y demeurerent dix-sept jours, a cause qu'ils y trouverent bois a faire cercles pour renouveller leur futaille, de l'eau, & pour rafaischir les leurs des chairs de sanglers & chevaux, dont il y avoit quantité, ſans toutesfois y avoir onques recogneu aucune creature humaine quoi que l'un de l'equipage de la galliotte, qui m'a raporté ceſte hiſtoire, nommé le Capitaine Faneuil du bourg de Marennes pres Brouage, m'aye aſſeuré avoir eſté avec quelques uns de ſes compagnons plus de deux lieuës en terre, ſans jamais avoir veu en leur chemin, que grand quantité de chevaux & ſangliers eſtans a groſſes troupes: qui voyans ces hommes, couroient droit a eux comme s'ils euſſent voulu les devorer: dequoi ayant peur ledit Faneuil & ſa troupe, ſe cãpoient dedans des arbres ou derriere iceux, & les attendoient avec leurs harquebus. Ils en réversoient tousjours quelqu'un qui faisoit que incontinent le reste s'enfuyoit. mesme ledit Fanueil m'a dit avoir tué desdicts chevaux en sa part jusques a neuf des plus beaux qu'il eust jamais veu: dõt l'un d'iceux, de poil cendré avoit eu autresfois le pied paré, & le crin coupé: qui fait croire qu'autresfois ladite isle avoit esté habitee d'Espagnols, ou autres nations. Dans ladite isle y avoit aussi grande quantité de perroquets, dont ils tuoient ordinairement, & en mangeoient qu'ils trouvoient assez bons. Il se trouva aussi en ladite isle lors qu'ils eurent mis pied a terre pour y cercher du bois a faire quelques cercles a relier leur futaille, une chose estrange, assavoir un serpẽt d'une merveilleuse grosseur & comme seroit la cuisse d'un homme, long à merveille, lequel estoit monté dans un arbre assez bas pour y manger du fruit qui y estoit. Le charpentier qui avec sa coignee estoit a terre pour recognoistre les bois dont ils avoient besoin avec sadicte coignee en donna trois coups sur ledit serpẽt, qu'il le coupa au travers & le fit tomber; dont les assistans espouvantez de l'ouverture de la gueule d'iceluy qui abayoit pour en manger quelqu'un s'il eust peu le quitterent, & vindrent en un rocher illec pres, ou ils bastirẽt un four, dans lequel ayant mis le feu ; tumba un serpent gros comme le bras & long d'une brasse & demye, qui y brusla. Ils virẽt aussi en ladite isle des tortues & non d'autres oiseaux. Ils pescherent aussi contre le pied de quelques arbres qui estoiẽt dans la mer, des huistres fort grosses & bonnes. & pour la fin, apres avoir accomply leurs dix-sept jours, se rẽbarquerent tous : & mettans à la voile allerent trouver le Cap sainct Anthoine qui est à cinquante ou soixante lieues de la Iomarique : à quoy faire mirent quatre jours. Ledit Cap est un lieu & endroit ou touts les navires venãs des Canibales ou de la terre ferme du

Perou ſe viennent rader pour ſe rafraiſchir d'eaux, & de tortues qui y ſont d'extreme grandeur, & en grand quantité pour de là aller cercher là Avane qui eſt une iſle ou tous navires võt païer la douane ou tribut du Roi d'Eſpagne, qui eſt a quelque douze lieues du cap, pour dudit lieu de la Avane aller ſortir par le canal de baſme cercher les vents d'aval, pour les retourner en Eſpagne. Car en tous voyages allant juſques là, il ne ſe trouve que vẽts d'amont; ſavoir Nord, Nordeſt & Eſt, qui ſont vents de Biſe: & ne ſe treuvẽt les vẽts d'aval (qu'en France l'on apelle Galerne) que dans ledit canal. Ainſi donc nos nautonniers de

la galliote

la galliote garderent quelque temps le cap, courant tãtost sur une bande, tantost sur l'autre, en attendant que quelque navire venant de ladite terre du Perou se viendroiẽt brusler à la chandelle : mais ils y perdirent tẽps, qui scandaliza grandement l'equipage murmurãs contre leur Capitaine, lequel ils accusoient de trahison pour ne les avoir conduits comme il estoit entreprins à la Gardeloupe ; ains faisant fausse route, les avoit emmenez au cap de sainct Antoine, d'où ils n'esperoient aucune chose. Cependant le Capitaine Maillard sceut tellemẽt les mesnager qu'il les appaisa sur l'asseurance qu'il leur donnoit que en peu de jours il se presenteroit quelque bonne occasion: En ces termes il les retint donc quelques jours, faisant comme le Medecin, qui traittant un febricitant quelquefois luy arreste partie de l'exces par son medicament ; mais sa berte perdue, la fievre d'ordinare que elle estoit , quelquesfois se convertist en frenaisie, si l'on ne donne au patient partie de ce qu'il demande quelque dõmageable qu'il soit : Ainsi nos mariniers la remonstrance de Maillard perdue, recommencerent leurs murmures contre luy, jusques à vouloir lui imposer les mains s'il ne les retiroit de ceste mer, & qu'il ne les retourEl nast en France. La dessus toutes les harangues de Maillard ne servoiét de rien; quoy qu'il leur mist devant les yeux que s'ils hazardoient en ceste saison-là de se mettre à la mer, sans doute ils trouveroient le coup du vent appellé Houraquan qui les feroit tous perir. Or cet Houraquan est un tourbillon de vent qui se rencontre és contrees de delà, quelquefois de deux en deux ans, lequel est si violent, qu'il s'est veu un navire estant prest de terre avoir esté emporté plus de deux lieues sur icelle: tellemét que ceux qui font tels voyages savent fort bien observer les temps & la saison de sa venue, de peur d'en estre rencontrez. Nonobstant toutefois toutes ces remonstrances indignez cōtre leur Capitaine, force luy fut de s'accommoder à leur folie, s'il n'eust voulu se mettre en danger de sa personne: & à ceste occasion leur accorder de retourner en France. Pour ce faire aiant mis à la voile, & singlé environ trente cinq lieues pour se parer de toutes les terres fermes du Perou & des isles, entrerent audit canal de Basme: dont sortis qu'ils furent, rencontrerent a main gauche la terre de la Floride, & avec le vents d'aval qu'ils trouverent, se virent incontinant le travers de l'isle de la Vermude, à bien quatre cens lieues dudit canal : ou estans , & environ le mois de Mars au commencement d'icelui , ne faillirent de rencontrer le coup de vent dõt est parlé cy dessus, appelé Houraquan, tel & si impetueux, que l'espace de trente six heures qu'il dura, il n'y avoit lors piece d'eux qui eust osé se vanter d'échaper le naufrage : recognoissant lors combien leur temerité leur avoit apporté de peril & de dommage. Ainsi pendant la fureur dudit tourbillon ou coup de vent , il leur fut de necessité coupper tous les masts de la galliotte , jetter à la mer toute leur artillerie , leurs vituailles, quequesoit la plus grand part d'icelles, tous leurs cofres & autres choses qui estoient de faix pour alleger leur navire, lequel fut tout brisé devant & derriere des coups de mer, qui a tous coups passoient dedans, jusques à les accabler: Ayant remarqué & observé qu'en douze heures que dura la grande violence de cet orage, sans que la galliotte eust aucune voile ne mast, ils sillerent soixante quinze lieues: Voila donques nos opiniastres punis selon le demerite de leurs fautes ; le plus vaillant desquels en eust voulu estre quitte pour un bras, encor en eust-il pensé avoir bon marché, n'ayant recours qu'aux pleurs & lamentations, & s'accusans d'avoir creu leurs foles fantasies, & force celui qui les conseilloit fidelement. Il en avient volontiers tousiours ainsi par juste punitiõ a ceux qui s'esgarans de l'obeissance deue & promise a leur superieur, les forcent à leurs desraisonnables volontez. Ainsi nos furieux devenus (comme on dit en commun proverbe) plus souples que gands de chevrotin, ne se disposoient qu'a la mort, & a faire ordonnance de derniere volonté, jusqu'a ce que Dieu les aians exercez trente six heures durant, icelles accõplies fit revenir la mer calme & coye, & laissa la vie a nos avanturiers; lesquels revenus à eux quoy qu'ils se vissent denuez de tous moyens presque dans leur

galliotte pour pouvoir parachever leur voyage ſi malheureuſe-
ment commencé. Neantmoins
louans & admirans la bonté de
Dieu, commencerent à ramaſ-
ſer tout ce qu'ils peurent des
fragmens de leur bris de navire
& les miettes de biſcuit qui a-
voit reſté dãs icelui tout mouil-
lé, tout trainé, & la pluſpart moi-
ſi & pourri avec une piece de
vin demy d'eau ſalee : pour de
cela en faire tel meſnagement
qu'il fuſt ſuffiſant de les cõduire
en France, reprindrent un maſt
qu'ils avoiẽt attaché le long de
leur navire, & en firent un d'a-
virons & de quelques bois re-
ſtez, employans leurs chemiſes
& habillemẽs à racouſtrer leurs

voiles toutes casſees & briſees: & en cette façon ſe remettẽt ſur la route de France, ou ils furent pres de deux mois: pendant leſquels leur vivre fut ſi frugal que chacun homme n'avoit au matin qu'auſſi gros comme une noix de pain, & deux travers doigt de vin en un verre, & autãt au ſoir: de maniere que cinq de leurs hommes moururent de faim premier qu'arriver en Frãce: autres perdirent les dents faute de manger. Et qui fut le pis ſur la fin il y eut telle diminution de l'ordinaire accouſtumé, qu'ils peſoient avec des balances de bois le pain que chacun devoit avoit: en telle ſorte que vaincus de la faim, la pluſpart de l'equipage complote-rent la mort d'un homme d'i-celuy, que j'ay fort bien co-gneu, nommé Martin Pagen, du bourg de sainct Iust pour le manger, à cause que c'estoit un gros garçon, & le plus frais encore de la compagnie. Tellement que sans que Dieu voulut en ordonner d'autre façon, & leur faire voir la terre le jour qu'ils la descouvrirent l'execution en devoit estre faire le lendemain. Mais sur la fin du mois de May ils arriverent à Fescamp en Normandie, aussi mal menez que furent jamais povres miserables : la pluspart desquels peu de temps apres leur arrivee moururent de mal qu'ils avoyent enduré, beliſtres, & ſans avoir faict aucune choſe. C'eſt le plus ſouvent ce qu'en rapportent tels voyageurs: & pour un qui y profite, cinquante s'y ruinent.

VOYAGE DEPLORABLE de la perte d'un navire allant à Terre-neuve, par le moyen du feu qui s'y mit, où la pluspart du peuple mourut, & entr'autres le bourgeois d'iceluy.

IL estoit demourant au vilage de Mozac parroisse de sainct Iust pres Marennes un fort honneste homme, marchand marinier, nommé Pierre Houé, aiant de beaux moyés, lequel en faisant son trafic ordinaire avoit tousiours quelque navire en bastisseure, soit qu'il y print plaisir, soit qu'il en receust du profit: & si en avoit tousiours quelqu'un à la mer icelui donc ayant faict bastir un tres-beau navire du port de sept à huict vingts tonneaux pour l'envoier aux Terres-neuves à la pescherie de la molue, qui estoit son trafiq plus ordinaire; se mit en la fantasie d'y faire le voyage dedans, contre les remonstrances que plusieurs de ses amis lui faisoient pour l'en divertir, luy mettant devant les yeux les voyages qu'il y avoit fait auparavant, les moyens que Dieu luy avoit donné, & d'ailleurs l'aage qui doresnavant l'appelloit à cinquante ans ou la pres-

& le prioyent d'en donner la charge à quelque homme en qui il prendroit cõfiance. Neãtmoins cela ne le peut abbatre de sa premiere resolution ; ains s'y confirma de plus en plus : les asseurãt toutesfois que ce seroit pour le dernier voyage qu'il y entreprendroit jamais (cõme il fut a la verité ; nõ toutefois en la signification qu'il le prenoit.) Ainsi fondé sur sa premiere opiniõ son navire prest & acõmodé a son plaisir, tant des utenciles d'icelui, que de provisions necessaires pour ledit voyage, partit de la riviere de Seudre pres ledict Marennes, au mois de Mars de l'an 1570 avec un autre navire faisant le mesme voiage; dedans lequel commandoit un sien neveu nommé le pilote Chambereau, qui luy promit ne l'abandonner en tout ledict voiage, & se tenir tousiours pres de lui. De cõpagnie donc mettent à la mer; & singlent de telle façon, que quinze jours ou trois semaines apres leur partement, ils se trouverent avoir fait bien sept cens lieues, aprochez de la Terre-neuve ou ils vouloient aller, de quelque deux cens cinquante lieues. Arrivez qu'ils furent en ce temps-là, faisant leur route; il fit de la puye: & pource que le navire estoit neuf, il se trouva quelque goutiere sur la chambre du Capitaine Houé à quoy il voulut faire remedier par le charpẽtier qu'il avoit avecques luy: lequel a ceste fin fait bouillir du gouildrõ, de la resine, & de l'huile de poisson, qui sont tous ingrediens dont il convient se servir a telle necessité. Et apres l'avoir bien bouillant & prest, print un grãd baston, au bout duquel il y a de l'estoupe, que les mariniers appellent guipon, & y aiant mis le feu & frotté l'endroit de la dite gouttiere, afin que la composition y print mieux: le malheur arriva, que a cause du grãd vent qui faisoit, le feu se mit, nõ seulement dans le guipon, mais dãs le navire, de telle façon que incontinent la flambe s'esleva fort haut, & donna tellement l'alarme au Capitaine Houé & atout son equipage, qu'ils coururent tous à devoir de l'esteindre, n'y espargnent leurs habillemens, paillasses, & autres hardes qu'ils pouvoiét atraper pour se jetter dessus le feu, qui desia gaignoit beaucoup dans ledict navire a cause du grand vēt qui l'allumoit, & firēt tel si prompt & diligent devoir, qu'à la fin ils l'estoufferent cōme il leur sembloit, pource qu'il ne parroissoit plus aucune estincelle: leur dōnant occasion de louer Dieu, & de se retirer chacun en son quartier ou en sa chambre pour se reposer du grand travail qu'ils avoyent employé a rompre le chemin à la grande violence de cest element terrible. mais fortune (si ainsi se doit appeler) ne se contentant d'avoir donné de la peur & du labeur à ces povres gens, ains ayant juré leur ruine totale (joint que rien n'avient que par la volonté divine qui ordonne de toutes choses qui se passent icy bas) se trouva que dessous une des paillasses que lon avoit jetté sur le feu, il s'estoit gardé un feu couvert, lequel esmeu du vẽt lors que lon vouloit remuer ladite paillasse, se reprint de telle façon, qu'impossible fut à tout l'equipage d'en venir à bout, d'autant que incontinent ils virẽt le feu dans leurs voiles, & dans leurs cordages, & puis esprins entierement dans le navire ſans eſperance de ſalut aucun, ſi Dieu ne leur envoyoit quelque ſecours extraordinaire. La deſſus Chambereau qui avec ſon navire eſtoit fort avancé devant celui de ſon oncle appercevant le feu ſi allumé audit navire, revint au ſecours, en eſpoir à tout le moins, ſi autre choſe il ne pouvoit profiter au navire & à ſa charge, de ſauver partie de l'equipage, & principalement ſon oncle: à quoi il travailla de ſon pouvoir. Car aproché qu'il fut dudit navire & ſoubs le vent, toutesfois impoſſible lui fut de l'oſer joindre, a cauſe de la grande flamme que le vent pouſſoit ſur lui: & par ce moyen laiſſant ce coſté là retourne à l'autre, afin de ne ſe mettre au pareil dãger des autres. Et approchant le plus qu'il peut, jetta une infinité de cordages à la mer, au bout deſquels il avoit fait attacher tous les barils, ſeilleaux, & bouts de bois qu'il peut trouver: criãt aux mariniers que ainſi qu'il paſſeroit avec ſon navire pres d'eux, qu'ils ſe jettaſsẽt à la mer & ſe ſaiſiſſent deſdits barrils, afin puis apres de les tirer au bort du navire de Chambereau. A cette paſſade premiere s'y en jetta quelques uns dont les uns furent ſauvez & tirez à bord, les autres noyez : le reſte avec Houé demeurant ſur un bout du navire voiant bruſler l'autre, attendoient l'autre passade: a laquelle Chambereau crie à son oncle de le jetter à la mer, ou que autrement il se perdoit. Houé auquel il faschoit fort de quitter son navire, & avec lequel je croy qu'il vouloit mourir; en fin vaincu des prieres de son neveu, se resolut à tenter le gué: & de fait le navire passant pres de lui se precipite à la mer & attrape un bout de corde, lequel incontinant est soigneusemēt fait tirer par Chambereau pour le mettre dans son bord: à quoy sans doute il fust parvenu sans qu'il advint que les autres mariniers le voiāt jetter à l'eau, se douterēt bien qu'il seroit observé dudict Chambereau plus que piece des autres. Ainsi cela fut cause que lors qu'il se lança à l'eau plusieurs des mariniers se jetterent apres lui, & l'empoignerent les uns aux jambes les autres au corps & ou ils pouvoient ; qui empeschoient que bien tost l'on ne pouvoit mettre à bord : de l'autre costé il estoit tellement chargé des autres qu'il estoit presque tousjours sous l'eau sans pouvoir respirer. & en ceste façon ayant demeuré quelque temps, finalemēt paruenu & arrivé à bord & prins par son neveu il luy vid rendre entre ses bras le dernier souspir, à son grād regret & desplaisir, & depuis par lui donné en sepulture au ventre des poissons

sons, ainsi que l'on a accoustumé de la donner à ceux qui meurẽt sur la mer. Voila la mauvaise prophetie de Houé accõplie, qui promettoit à son partement ne faire jamais de voyage a Terre-neuve: & certes voila un voiage bien deplorable, qui se voyant au danger de deux perilleux elemens, l'un eschappé avec tant de peine, l'autre emporte la vie au povre homme apres avoir perdu son bien. A la verité les mesaventures n'avienent jamais seules a une personne qu'elles ne soient accompagnées de plusieurs autres plus pernicieuses. Or nous lairrõs reposer & dormir le corps de Houé attendant la derniere resurre-

ction, & noterons des particularitez merveilleuses qui se sont
passees en ce naufrage. Premierement que un homme de l'e-
quipage du Capitaine Houé
aagé de bien cinquante ans, ne
sachant que c'estoit de nager, &
aiant mesme fait peu de longs
voyages à la mer, voyant le danger ou ils estoient, prẽd la pluspart des accoustremens qu'il a-
voit, se bote cõme s'il eust voulu aller a quelque voyage, ou il
eust besoin de toutes ces com-
moditez, monte sur une vergue
du navire, pendant que tout le
reste de l'equipage faisoit estat
de se sauver avec les cordes que
lon leur getoit ; & lui n'esperãt
que de finir ou par feu ou par
eau,

eau, en fin voyant le navire paſſant pres de celuy qui bruſloit, dõt le bout de la vergue (qui eſt ce qui tient la voile) traverſoit juſques ſur le tillac du navire de Chãbereau, inſpiré ou pouſſé de quelque bon Ange ſe laiſſe choir cõme une pierre, & tumbe ainſi que Dieu voulut ſur le tillac du navire dudit Chambereau tout eſtendu avec ſon paquet, ſans qu'il ſe fiſt aucun mal: qui eſtoit la choſe à quoy, à mõ advis, il avoit le moins penſé, & qui eſt cõme miraculeuſe, conſideré la condition du perſonnage, ſon aage & le lieu où il eſtoit; qui n'eſtoit aucunement le chemin pour ſe ſauver: dequoi il faut recognoiſtre la mer veilleuſe puiſſance de Dieu, qui au milieu d'un tel & ſi piteux naufrage voulut ſauver le plus impuiſſant de toute la troupe; & y laiſſer un grand nombre de jeunes gens mariniers diſpoſts & bõs nageurs; que quelque induſtrie qu'ils peuſſent deſployer, ne leur ſervent d'aucun remede contre les decrets de ſa Majeſté, la vertu deſquels eſt inviolable. Vn autre cas miraculeux arriva, c'eſt que Chãbereau ſe voiant fruſtré de pouvoir plus rien ſauver ne du navire ne de l'equipage, dont il eſtoit mort vingt & deux, commanda a ſes gens de retirer a bord tous les bouts de cordes qu'auparavant ils avoient jettez à la mer ; ce qu'ils firent & faisant leur chemin estans bien à deux lieues de la perte du navire recogneurent quelques uns de mariniers qu'il y avoit encore une corde à la mer, le bout de laquelle ayans prins pour tirer, aviserẽt au bout d'icelle où il y avoit vn bareil, la teste d'un homme, qui estoit l'un des mariniers qui s'estoit jetté à la mer qui leur donna beaucoup d'empeschement: d'autant qu'ayans amené cest homme assez pres du navire, les vagues estoient si grãdes, que lorsqu'elles venoiẽt ils estoient contraints de laisser aller la corde de peur qu'elle ne rompist, & puis la reprenans, doucement la tiroyent de maniere qu'aiant fait plusieurs & diverses fois la mesme chose, finalemēt amenerēt ce povre malheureux à bord du navire, aiant perdu la parole & tout sentiment : & l'ayant pendu par les pieds pour lui faire rendre l'eau, luy donnerent des accoustremens secs, & le getterent sur une paillasse, sur laquelle quelque temps apres il reprint ses esprits & reschappa. Voila de merveilleux hazards communs à tous ceux qui font le mestier de la navigation : & croy que Panurge n'avoit pas grand tort de dire, que biē heureux estoiēt ceux qui plantent choux, pour avoir un pied en terre, & l'autre qui n'en est pas loin. Au propos de ceste histoire, & cõme le feu est dangereux quand il prẽd en un navire. Ie vous raconteray ce que je vey en l'an 1565 que le defunct Roy Charles faisoit son voyage par ce Royaume, & entr'autre estant à Brouage en ladite annee & au mois de Septembre; Ceux du pays des isles luy vouloyent faire voir de quelle façon un navire marchãd estãt trouvé à la mer par un navire de guerre ou pirate, est attaqué. Pour ceste cause accommoderent un vieil navire du port de trente cinq ou quarante tonneaux, & l'equiperent de voiles & autres vtenciles propres pour le faire naviguer: & dedans iceluy y mirent un Capitaine & huit ou dix mariniers lequel entrant dedans le havre dudit Brouage qui eſt tresbeau fut ledict navire ſuivy de deux chalupes equippees en guerre (ou je me trouvai) & le batans a coups de canon & d'arquebus l'emmenerent ſi avant dans ledit haure qu'au droit le logis ou eſtoit le Roy à la feneſtre, il s'areſta, & là y eut un grand combat ſoit attaquant, ſoit deffendant, tant de coups d'arquebus, picques qu'autres inſtruments de guerre : en fin apres avoir eu ledit navire bien reſiſté, & que ceux des chalupes virẽt ne pouvoir monter dedans, jetterent certains artifices de feu ſur le tillac avec de la poudre, qui fit que incontinent le voila prins dans les voiles, qui furent plustost bruslees que l'on eut loisir de le regarder : delà se print aux masts aux cordages, & tellemēt au corps du navire qu'en presence de sa Majesté & de toute sa court, ledit navire brusla jusques à l'eau en quoy faisant les mariniers qui estoient dedans, tous gens expers a nager, attendoient presque que le feu les surprint, & puis se jettoient a la mer : de maniere que l'un d'iceux ayant attendu jusques au dernier, faisant mine de ne savoir nager, se precipita a la mer; & fit tellemēt le plongeon, que la pluspart pēsoient qu'il se fust noyé. La dessus M. le Conte de

Rhingrave Seigneur Aleman, voyant cet homme s'estre jetté assez pres du bord, eut opinion que se jettant avec son cheval dans ledit havre, il sauveroit ce marinier : & sans marchander poussa son cheval dans la mer, cuidãt que ce fust platiere: mais il n'y fut si tost lancé que luy & son cheval se perdirent de veue sous l'eau; & eut bien besoing que celuy qu'il vouloit sauver, le sauvast de ce peril eminent, ou sans doute sans son assistance il estoit depesché. mais en fin estant sauvé & amené a terre, le Roy en fit bien grande risee contre ledict sieur Comte, qui avoit voulu traverser la mer à gué: & fit donner au Capitaine du navire nommé Mitrault cent escus pour la perte qu'il avoit fait en icelui.

*MERVEILLEUX ACcident arrivé dedans un navire de guerre ou estoit le *Comte de Meneze grand Seigneur Portugais, & qui avoit suivi la fortune du Roy son maistre.*

* Ce Comte se doit appeller (ce me semble) de Vimouse, lequel estoit Connestable de Portugal.

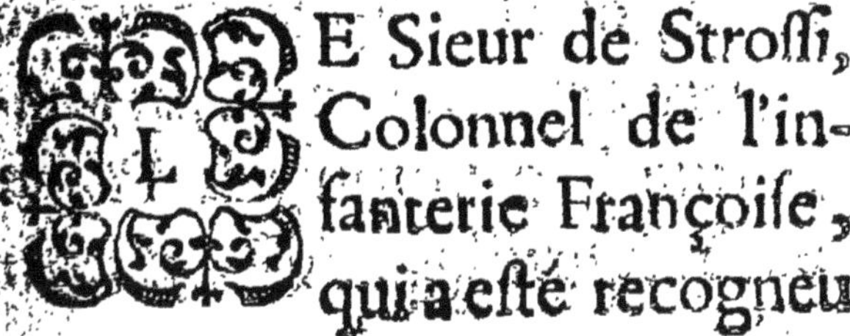

LE Sieur de Strossi, Colonnel de l'infanterie Françoise, qui a esté recogneu par ſa vertu & pour ſon integrité autant qu'autre de ſa qualité qui ait eſté de ſon temps, ayant par le commandement du Roy & de la Royne ſa mere entreprins d'aſſiſter le Roi Dom Anthoine pour le remettre en ſon Royaume de Portugal, que injuſtemẽt lui detiẽt le Roy d'Eſpagne; fit telle diligence a dreſſer une armee navale, tant és coſtes de Normandie, qu'és coſtes de Poictou, Gouvernemẽt de la Rochelle & iſles adjacentes: que au mois de Iuin de l'an mil cinq cens quatre vingts deux, elle ſe vint toute rendre devant cette iſle de Ré, en la rade que l'on nomme la Paliſſe au droit le village de Rivedoux:

ou ayant demeuré cinq ou ſix jours, leverent l'armee, font a la voile pour accomplir le voiage qu'ils avoient entreprins, lequel neantmoins leur ſucceda aſſez mal, comme un chacun a veu au grand dommage de la reputation Françoiſe, & de la perte de ce brave Seigneur, qui en mourant perpetua d'une eternelle ſouvenance la memoire de ſon brave courage par les armes qu'il y fit premier qu'eſtre vaincu, a la grande hôte de pluſieurs qui ne s'y engagerent pas trop avant. Or parti que fut ledit Sieur de Stroſſi a faire ſon voyage, reſta encore apres luy ſix ou ſept navires Anglois pour accompagner le Sieur Comte de Meneze qui estoit dedans l'un d'iceux, qui ne fut si tost prest que le reste de l'armee. Et apres avoir esté quelque temps avec sesdits navires en ladite rade de la Palisse, arriva un jour que par mesgarde ou inopinément le feu se print dedans les poudres qui estoient au navire dudit Sieur Comte de Meneze qui fut tel, si soudain, & si violent, que la force d'iceluy emporta une partie dudict navire en l'air avec la pluspart des hõmes qui y estoient, dont il en mourut bien quatre vingts, & trente qui eschaperẽt, si bruslez & desfigurez, qu'en la pluspart vous n'y recognoissiez aucune forme humaine. Le navire apres que toute l'artillerie qui estoit dedãs eut tiré, incontinẽt est en glouty de la mer ; & seulement sauvé du naufrage, par permissiõ divine, le Comte de Meneze, un peu blessé à la teste, lequel recogneu dans la mer par un sien serviteur qui savoit tres-biẽ nager, fit avec son travail qu'il le tint sur l'eau quelque temps, jusques a ce que un batteau les vint recueillir. C'estoit chose pitoyable devoir le nombre des corps morts qui nageoient sur l'eau apres qu'ils en eurent esté estouffez : qui est maxime & regle generale que tout corps vivant, soit d'homme ou beste brute estant suffoqué par cet e-lement revient apres dessus, &

non auparvant : si ce n'est lors qu'il combat à la mort que vous le voiez paroistre deux ou trois fois sur l'eau, jusques à ce qu'estant expiré, l'eau l'apporte dessus. Qu'ainsi ne soit j'ay veu par plusieurs fois apres quelque naufrage fait a la mer, de là à quelques jours voir arriver sur les costes plusieurs corps morts, & non seulemēt des hommes, mais mesmes des poissons des plus grands qui s'y nourrissent, comme j'ay veu y apporter la mer une baleine. Et à ce propos je croy qu'il n'y aura point d'inconvenient que je vous raconte icy la venue d'une baleine à la coste de l'isle de Ré, d'autant que peut estre ceux qui pourront lire ce discours n'ont point oui parler au vrai de ce monstre marin, pour n'estre avoisinez des costes de la mer. & de ma part quoi que j'y aye esté engẽdré eslevé & nourry, si est-ce que je n'en avois jamais veu que cette-cy. Il arriva donc que le dernier de Decembre 1584 une baleine ayant esté blessee à la coste d'Espaigne comme est à presuposer y avoit ja plus d'un ou deux mois, comme la plusipart de ceux qui la virent la jugerent; & eschappee des chasseurs qui furent contraints l'abadonner avec les harpons que ils avoient jetté dessus fut tellement agitee des vagues de la mer & vents qui y sont communs, que finalement par un grand vent de Sudoueſt elle eſt pouſſee à la coſte de l'iſle deRé, au droit une maiſon qui m'apartient apellee la maiſon-neuve, du coſté de la mer ſauvage, ainſi appellee à cauſe que pour quelque beau temps qu'il face, a raiſon des bancs de Roches & eſcueils qui y ſont, il y a touſjours tres-grande eſmotion : & le plus ſouvent y void on perir & navire & marchandiſe. Ainſi que ceſte baleine arriva à la coſte, j'eſtoi à la feneſtre de ma maiſon regardant directement ſur la mer avec un mien neveu, dont il fut au commencement eſtonné, cuidant que ce fuſt quelque corps de navire renversé qui se fust perdu à la mer: & de fait elle en avoit quelque apparence : mais l'ayant bien consideree, quoy qu'elle fust à plus de trois grands quarts de lieues ou de demie pour le moins de ladite maison; je m'imaginai que c'estoit une baleine, quoi que ce fust, comme j'ai dit, la premiere que j'eusse jamais veu. Pour m'en esclaircir je fai tant avec mon bordier & un de ses voisins qu'ils trouvẽt un bateau dedans lequel s'estãs embarquez avec mon neveu, quelque mauvais temps qu'il fist, ils arriverent au bord de ladite baleine, sur laquelle ils trouverent quatre ou cinq grands harpons fichez dessus bien avãt, qui estoit la cause de sa mort. Ces harpons sont grands fers faits à la façon d'une partusane non du tout si longs toutesfois ammanchez à de grands bastõs longs, desquels ceux qui vont à la pescherie se servẽt pour faire mourir cet animal: chose fort cõmune aux Espagnols & Basques en ceste coste de Biscaye, qui en font mestier. Car à la rẽcontre qu'ils font de la Baleine deux & trois chalupes qu'ils seront ensemble quelquefois, taschent en l'approchant de luy darder ces harpons sur elle, afin que l'ayãt blessee, la suivre quelquesfois au sang, quelquesfois ayant un harpon attaché a une cordelle qui tient à l'une desdites chalupes, la filent tant qu'ils peuvẽt pour ne perdre la proye: mais c'eſt le plus dangereux moyen. Car la baleine bleſſee ſe jette ſous l'eau de telle furie & d'une telle roideur, que quel quesfois l'on à veu perir des chalupes emmenees avec elle, ou ouvertes à la mer, qui faiſoit perir l'equipage : puis revenuë ſur l'eau, jette un tel fumeau, que c'eſt choſe incroyable du bruit qu'elle meine, & de l'eau qu'elle jette par la gueule : de façon qu'eſchappant aux chaſſeurs, le plus ſouvent elle va mourir à la mer, laquelle puis apres la jette aux coſtes ou le vent bat. Or en ceſte façon ceſte baleine vint devant la maiſon-neuve: & icelle recogneuë, voiant que je n'avoy nul moien pour ce jour là d'y pourvoir, à cauſe de la nuit qui meſurprint; joint auſſi que i'eſtoy eſloigné du plus prochain vilage biẽ demie lieue, pour y recercher les moyens de l'arreſter ou elle eſtoit; ie remets la partie au lendemain en eſperance d'y donner ordre : mais la nuict y pourveut d'autre façon, ou à tout le moins le vent qui y ſoufla aſſez grand, qui l'ebranſla de telle façon, qu'au lieu que ie penſois la trouver encore en ſon meſme lieu, elle fut tranſportee par la mer & le vent à bien un bon quart de lieuë de la maiſonneuve, & pres un moulin à vẽt qui est ſur le bord de la mer, apartenant au Prieur d'Ars: & demeura tellement a ſec que la mer ne vint plus iuſques là où elle estoit. Le bruit de ſa venue manifeſté par l'iſle, eſmeut tellement le peuple a la venir viſiter, que vous n'avez iamais veu telle preſſe a la devotiõ de quel que Saint en Poictou ou a quel que preveil, comme vous voiez de peuple par chemins, les uns la venans voir, les autres y venãs cercher des pieces: de maniere que premier qu'il fut midy c'eſtoit merveilles du peuple qui y eſtoit arrivé: mais ie croy fermement qu'il y avoit cinq cens perſonnes qui travailloient à l'entour: les uns pour avoir de la chair, les autres le lard, les autres les barbillons, travaillans avec haches, hachereaux & cousteaux tant qu'ils pouvoient. & diray bien, qu'il y avoit dedans sa gueulle plus de trente personnes qui coupoyent des barbillons qu'elle y a, dont lon fait les moules de robes aux femmes, ou des vasquines. Car de chacun costé de la gueule, elle a une tres-grande quantité desdits barbillons qui sont longs de plus de cinq ou six pieds, & larges en la racine d'un bon demy pied, qui luy sert de moyen pour battre le petit poisson lors qu'elle le trouve a mouee, & l'attirer dedans sa gueule. Si est ce pourtant que c'estoit une grande puanteur d'eſtre aupres d'elle: ſoit que cela fuſt cauſe du long temps qu'il y avoit qu'elle eſtoit morte, ou bien naturellement elle ſoit ainſi infecte. Car ceux meſme qui travaillerent à la couper, & qui y avoient touché, furent contraints de ietter les habillements qu'ils avoyent ſur eux, & en prendre d'autres. Et neantmoins quelque vieille morte ou puante qu'elle fuſt, elle valut au peuple plus de deux cens eſcuz, de l'huille de poiſſon qu'ils en firẽt de ce que ils en avoient coupé. Ceſte baleine avoit quarante pieds de long & une braſſe & demie de hauteur.

PERDITION D'VN navire de guerre avec tout ce qui estoit dedans tant hommes que richesses, par la violence du vent qui le renversa, avec quelqu'autres accidẽs pareils advenus à autres.

DVrant les cinquiesmes troubles qui ont esté en ce Royaume contre ceux qui faisoient profession de la religion reformee en l'an 1576 plusieurs navires equipez en guerre dans la ville de la Rochelle, sortirent à la mer pour courir

courir ſus à leurs ennemis & à ceux qui leur aſſiſtoient : & en ce faiſant firent pluſieurs priſes grandes & riches qu'ils amenerẽt en ladite ville pour en avoir la judication. & entre les autres en fut fait une fort riche ſur les Eſpagnols, par le Capitaine Varlet neveu du feu Capitaine Soré de Normandie, laquelle lon eſtimoit à la valeur de vingt cinq ou trente mil eſcus, pour le nombre & quãtité de lingots d'or qui eſtoient dedans. Varlet aiãt fait ceſte priſe à la mer, à la veue ou à l'ayde d'un autre navire de guerre, & d'une barque de quelque trente & cinq tonneaux, incontinant à la requeſte des Capitaines qui y commandoient, leur faict partage desdits lingots, & à chacun leur en dõne selon qu'il lui en pouvoit apartenir, eu esgard à la grandeur de leur navires. Car c'est un maxime en matiere de guerre de mer, que si un navire fait prinse; & que un autre faisãt le mesme mestier se trouve à la veue, quoy qu'il n'y ait nulle association, soit qu'il n'y cõbatte point, il ne laisserai pour cela de participer au butin selon le port & grandeur de son navire. Ainsi donc le Capitaine Varlet distribue aux deux Capitaines qui estoient aux autres deux navires leur part du butin, dont chacun se trouva bien contant & joyeux d'avoir fait si bon voyage : resoudant là dessus de s'en revenir à la Rochelle avec ce qu'ils avoient de naveaux bechez, comme l'on dit. Faisant cette routte, l'equipage de la barque de guerre un peu desmesurez en leur joye & ayans volontiers beu quelque peu plus qu'il ne falloit, ne se soucierent tant que firent les autres deux navires, de faire honneur, comme disent les mariniers, à un coup de vent qui les trouva à la mer; mais le desdaignant & faisant porter voile par force, cuidãt que l'or qu'ils avoient, estoit suffisant pour appaiser & Boreas, & tous les vẽs, & les rigueurs de Neptune, se virent à la fin tellement envelopez de la bourasque, que voila en un moment la saulce renversee; & navire & mariniers, & lingots engloutis dans la mer, sans que depuis il en ait esté memoire. Tellemẽt que la grãde folie de ces miserables, ou plustost leur yvrongnerie, leur aporta la ruine totale de la bonne fortune qu'ils avoyent rencontree. Ce sont fautes merveilleusement communes à la pluspart des mariniers qui abusent de leur mestier, par l'opiniastreté desquels j'ay veu avenir beaucoup d'inconveniens depuis que je suis demourant en ceste isle, dont j'en ay remarqué quelques uns entr'autres que je mettray icy. L'un fut que en l'an 1575 un bateau de passage allant de la Rochelle en l'isle de Ré, qui sont voyages ordinaires & journaliers, y ayant en iceluy, vingt-cinq personnes passageres, estans environ en demy chemin de leur route, qui estoit de descēdre dās le port de la Flotte parroisse de ladite isle, dont estoit ledit bateau ; ils furent surprins d'un grand coup de vent, lequel apperceu par quelques uns des passagers, prierent le maistre du bateau & mariniers de vouloir amesner la voile, c'est à dire la mettre bas, pour le danger qu'il y avoit qu'ils n'en fussent renversez : mais l'opiniastreté de ces maraux qui ont accoustumé contre toute remonſtrance s'oppoſer à la raiſon, fit que le coup de vent s'eſtant mis dans leurs voiles, apporta la ruine & d'eux & de tout ce qui eſtoit dans le bateau. Car icelui eſtãt renverſé, voila tout ce peuple à la mer, ſans qu'il ſe preſentaſt aucun ſecours pour leur aſſiſter, combien qu'il y en eut qui furent une grande heure ſur l'eau nageans premier qu'aller au fonds: mais à la fin vaincus du travail, leur fut force de ceder à la mort rapineuſe, ſans qu'il ſe ſauvaſt aucun des vingt cinq paſſagers, ne des mariniers, que un des mariniers, qui ayant demouré plus d'une heure & demie ſur l'eau, en fin fut prins par quelque bateau qui passa par là & amené à terre ; ou il fut longue espace de temps sans respirer, & puis remis. Il fut noyé entr'autres une femme dudict bourg de la Flote, de bône maison, laquelle avoit quinze ou seze cens livres sur elle, qui ne se trouverent point, combien que son corps fust pesché par le rets d'un pescheur un jour ou deux apres ce naufrage. Savoir si ce marinier, qui estoit l'un des chefs du bateau, ne meritoit pas d'estre pendu apres qu'il fut revenu à soi. veu que de sa folie & temerité, tant d'honnestes gens estoient peris. Quant à moi je croi que sçeust esté justice, veu que de sa meschance-

té & des autres ce naufrage e-
ſtoit arrivé & de povres gens,
qui avoyent comme leurs vies
entre leurs mains. Toutesfois ſi
a-il veſcu depuis long temps,
ſans qu'il ait eſté recerché de
perſonne. Or en ce meſme tẽps
il arriva un pareil accident, &
encore plus dõmageable, pour
y avoir plus grand nombre de
perſonnes qu'au precedent. Au
temps & a la ſaiſon de vandan-
ges, & quelque peu auparavant
qu'il faille couper les raiſins qui
ſont par les vignes, dont il y a a-
bondance en l'iſle de Ré, & peu
de temps pour la moiſſon : en
ce peuple, di-je, il paſſe en ladite iſle une ſi grande quãtité de
peuple tant du Poictou, Gou-

vernement de la Rochelle, que Xainctonge, que c'est chose incroyable d'en voir la multitude a qui ne l'a veu : tellement que c'est lors que les bateliers & supposts d'Acheron ont le tẽps, pour la presse qu'ils ont à passer les corps & ames d'une terre a l'autre pour le service de Bachꝰ. A cette occasion donc un bateau de passage estant a la Trãche, terre de Poictou, embarque soixante dix personnes, & sept ou huict chevaux que vaches ou jumens pour passer en l'isle de Ré au mois de Septembre 1579. & avec cette charge les mariniers & conducteurs du bateau mettent a la mer, avec un grand vent de Nordest, & la mer par ce moyen fort esmeue. A ce chemin qu'ils firent, les bestiaux qui estoient dedãs ledit bateau se cõmencent a tourmenter pour la peur qu'ils avoient des vagues qui estoient grandes: & en ce tourment l'un d'eux d'un coup de pied pousse une des tables & planches du bateau dehors, en telle maniere qu'il fut impossible a tous ceux qui estoient au bateau d'y pouvoir remedier, quelque labeur qu'ils y employassent: & en peu de temps virent leur bateau fondre & abysmer soubs leurs pieds, reduits a la merci des ondes & de la fureur de la mer, avec telle pitié de voir les cris des mourans, que ceux qui en reſchaperent faiſoient pleurer tout le monde a qui ils le rapportoient. Car en ce ſpectacle y mourut de ſoixante dix perſonnes, ſoixante ſix, & tous les chevaux & vaches, en ayant eſchappé quatre hommes ſeulement, avec tant de peril & de hazard, que c'eſt un miracle de les avoir veu venir à port de ſalut, conſiderant le lieu ou ils eſtoient, & les moyens qu'ils tindrent a s'eſchaper. Car premierement ils eſtoyent par le milieu du chemin, a la mer loin de la premiere terre de deux grands lieues parmi les ondes ſi furieuſes qu'a tous coups elles paſſoient a travers d'eux : y demeurerẽt l'eſpace de deux heures & plus, sans qu'ils se peussent imaginer dedans l'esprit quel moyen leur devoit assister pour les sauver : & certes si je n'avoy veu les sauvez, & ceux qui les amenerent, je mettrois en doute l'histoire : mais je n'en puis douter pour en avoir ouy la verité & des uns & des autres. Ie veux donc vous faire voir des particularitez merveilleuses & espouvantables en ce discours. Ie vous dirai qu'en premier lieu que un marinier qui estoit la dedans nommé le grand Alain demeurant en l'isle de Ré au bourg de sainct Martin encore vivant, se voiant en ce peril se mit a desployer ce qu'il avoit aprins de la nage, pour s'en servir à telle necessité: & ce faisant nageant sur l'eau, parmi la plus grand part de ce pauvre peuple qui s'en alloit estoufant au fonds de la mer: ainsi qu'il cuidoit s'eschapper d'eux, il est saisi d'une infinité, de telle façon que à l'accoustumee des noyants, ils ne laisserent jamais prise; & emmenerent avec eux ce pouvre Alain iusques au bas & fonds de l'eau, ou il y a pour le moins dix-huict ou vingt brasses; auquel lieu la pluspart des povre peuple achevoit les derniers souspirs qui finissent la vie, avec un tel murmure & un tel bruit, que ce povre homme en tremble encore quand il luy en souvient: luy aiant ouy jurer que vo⁹ eussiez dit qu'il y avoit cent chaudieres sur le feu qui bouilloient pour les ondes que faisoit ce povrepeuple. Lui n'esperant point autre issue de ce mal que le moyen qu'en prenoyent les autres, ne savoit (cõme l'on dit) à quel saint se vouër si ce n'estoit le tout puissãt qu'il implora à ce besoing : lequel l'ayant ouy, le demesle de telle façõ de ceste multitude effroiable, qu'il le rameine sur l'eau, vivant ou il ne s'espargna de continuer son exercice manuel & corporel, avec lequel il demeura sur l'eau deux heures & plus, premier que d'estre sauvé. un autre marinier son voisin, qui savoit aussi quelque peu nager, s'expoſant à la mer ſe ſaiſit du baſt d'un des chevaux qui eſtoient audit bateau, & le mettant ſous ſon bras, ſe ſoulageoit ainſi en attendant le decret de ce grand Dieu eternel. Ce voiſin là qui eſt encore vivant, nõmé Iſaac Iamet, eſt plaiſant en ce qu'il me racontoit de ſon mal-heur: Pource qu'il dict que lors que le grand Alain revint ſur l'eau, contre ce qu'il en pẽſoit, il ſe voulut approcher dudit Iamet, le priant que tous deux enſemble parachevaſſent leur courſe ſi perilleuſe. Iamet qui craignoit que ce fuſt la fable du corbeau & du Renard qui amuſoit le Corbeau pour luy faire tomber le fromage du bec, &

aussi craignant que Alain ne le voulust spolier du bast qu'il possedoit, lui accordoit tout ce qu'il vouloit, moyennant qu'il ne s'aprochast point de luy, & ainsi passerent le reste de leur peregrination maritime & navigable, jusques à ce qu'ils furent sauvez deux heures apres & pris par un bateau qui avoit nombre d'hommes aussi & de femmes, pour la recolte de la vendange ; l'equipage duquel recognoissant lesdits hommes, & deux autres qui estoient sur l'eau les vindrent prendre, & les emmenerent en ce lieu de saint Martin. Ils sauverent aussi deux autres hommes qui demeurerent sur l'eau tout le temps que firent les autres, mais avec des moyens incroyables. Car l'un d'iceux qui estoit un povre vẽdangeur & laboureur de Poictou, qui ne savoit aucune chose de nager, voyant le naufrage du bateau, se saisit d'une longue perche, de laquelle les mariniers se servent a pousser le bateau quand il est pres de terre: & l'ayant embrassee des bras & des jambes, & s'estant mis le ventre en haut, & l'eschine en bas, demoura ainsi sur la mer recevant les coups des vagues qui passoient à tous coups par dessus luy: qui est un miracle manifesté, veu les rigueurs & force de cet element courroucé: & n'y a homme qui ne mist en doute le ſalut de cet homme: neantmoins deux heures apres comme il eſt dit & plus, il eſt trouvé en ceſte poſtine & prins cõme les autres, ſans qu'il euſt aucunement abandonné ladite perche, ne meſmes un biſſac qu'il avoit autour du bras, dedans lequel y avoit un morceau de pain. Voila pour le premier. L'autre s'eſtant jetté ſur une vache morte, y demeura en ſe tenant avec les jambes & les bras tout durant ladite eſpace, & comme les autres fut ſauvé: Tellement que voila les quatre ſauvez des ſoixãte dix. Par ainſi ſoixante ſix perſonnes peries, englouties au fonds de la mer, par le moyen de ce naufrage qui apporta par quelque eſpace de temps une merveilleuſe frayeur aux habitans de l'iſle, à meſure qu'il leur convenoit monter ſur mer. Mais comme ils ſont accomparez aux femmes qui en leurs enfantemens promettent & jurent ne retomber jamais en pareils maux: leur eſpouvante ne dura que trois jours, & puis apres paſſerent auſſi librement & avec auſſi peu de ſouci des coups de vẽt ne de mer qu'auparavant. C'eſt neãtmoins une grande incommodité que la demeure de cette iſle, d'autant que pour en ſortir & paſſer à la grãd terre, dont vous ne vous ſcauriez paſſer, pour le peu de bleds, de bois, & de beſtail que vous y avez & la iuriſdiction royale qui vous y oblige, ſans vous mettre en hazard de voſtre vie, principalement l'hyver que la mer y eſt tousjours faſcheuſe, & telle que quelquesfois quand vous auriez tous vos amis en peine à la grand terre ; ou que vous y euſſiez des affaires importantes tout voſtre biẽ, il ne vous ſeroit poſſible de pouvoir paſſer la mer ſans hazard, m'eſtant trouvé trois ſemaines entiéres ſans pouvoir partir de ladicte iſle, pour la rigueur des vents & de la mer ; qui n'euſt voulu ſe precipiter à la mort. Ie ne m'eſtõne point ſi les Rois & Seigneurs anciennement ont donné de ſi beaux privilegesau peuple pour leur donner occasion de l'habiter, à raison de tels perils : Lesquels privileges nonobstãt n'empeschent que les habitãs d'icelle apres avoir fait leurs maisons quittent fort bien ladite isle, & vont s'habiter ou à la Rochelle, ou en Poictou, & ailleurs à la grand terre, laissans leurs moiẽs au gouvernemens de fermiers ou de bordiers, qu'ils viennent voir quelquesfois l'an, ou pour en recueillir les fruits, ou pour s'y venir esbatre lors du beau temps: laissant l'isle en la garde de ceux qui y ont moins de moyens, qui neantmoins sont obligez de la garder à leurs despens contre les incursions des ennemis du Royaume : encore que l'isle de soy ne soit pas plaisante, pour este despourveue de bois de haute fustaye, que taillis, de prairies, de fontaines; seulement composee de quelques marais salans, & de vignes, la plusspart sable si maigre, que sans le grand labeur du peuple qui est grand, & la terre petite, se seroit la plus pauvre terre du monde.

DEVX MERVEILLEUX hazards arrivez presque en mesme temps à deux hommes en l'isle de Ré.

DVrant les troubles du mardy gras, que l'on apelle, & sur la fin d'iceux, qui fut en l'an 1575, le Seigneur du Landreau Gentil-homme de Poictou, qui autrefois avoit porté les armes pour ceux de la religion reformee, s'en estant retiré, se rangea, à servir le party contraire, avec toute affection d'y faire ses besongnes, puis qu'il ne les avoit peu rencontrer de l'autre costé : & pour ce faire fit entreprinse sur l'isle de Ré, & tellement la conduit que il s'en rēdit maistre par surprinse : mais il n'eut pourtant pas grand loisir d'y sejourner, pource que defunct Monseigneur de Rohan, estant lors à la Rochelle, adverty qu'il fut de la descente de Landereau, en mesme heure faict passer quelque quatre cens harquebusiers de ladite ville, conduits par le Seigneur de la Froumentinière Gentil-homme de sa suitte, lequel fait telle diligence qu'il descent à un bout de ladite isle sur le soir : & sans beaucoup sejourner des la nuict vint attaquer

quer ledit Sieur du Landereau, qui avec tous ses gens estoit dans le bourg de sainct Martin, bien barricadé pour y passer la nuict, resolu le lendemain de donner combat audit Sieur de la Fromentiniere : mais deceu de son opinion, est emporté, ses barricades renversees, & tout ce qu'il avoit avec lui taillé en pieces, ou retenu prisonniers, luy sauvé quatriesmu dans un petit bateau avec fort grand peril. A ceste reprinse entre ceux de la Rochelle qui y furent blessez y eut un jeune homme de l'isle de Ré qui demeuroit à la Rochelle, nomé Eveillard, lequel receut une harquebusade, par le moyen de laquelle il falut lui couper le bras pour luy sauver la vie. Ce pauvre garçon, soit de la douleur qu'il receut en ceste extirpation, ou de regret d'avoir perdu un de ses mẽbres devint aliené de son sens par quelque espace de temps, contraignant ses parens quelquesfois de le reserrer, d'autant qu'il faisoit quelques folies, dont l'une entr'autres fut fort remarquable que je veux mettre icy. C'est qu'un jour qu'il faisoit une tormente merveilleuse, & telle qu'il n'y avoit navire qui fut quasi en seureté dans les ports & havres, & par consequent impossible de demourer à la mer. ledit Eveillard qui n'avoit qu'un bras, se met dans un bateau de navire qui estoit dans ledit port, fort petit, avec icelui l'ayant destaché laisse aller ledit bateau à la force du vent, qui incontinent est pousse hors ledit port à la mer, & sans que promptement l'on le peust secourir. Ainsi conduit de ceste impetuosité, vous voyiez ce bateau porté de l'eau, tantost haut comme une maison, tantost devaler bas comme dans un puys: & en cet estat vogue le nautónier sans voile, mast, cable, ancre, avirons, ne utencile du mõde propre à conduire ledit bateau: y demoura non seulement le jour, mais la nuict suivante, qui fut accompagnee de telle tourmente que c'est chose incroyable qu'un homme en cet equipage peust traverser (comme il fit quatre lieues de mer, sans perir ; arrivant au bout de sa carriere au lieu de Marans, ou y avoit garnison pour le parti contraire, qui se saisirent d'Eveillard cuidãt qu'il fust espion, mais l'ayant ouy discourir sur ses grandeurs, richesses & valeurs, l'on cogneut aussi tost que c'estoit un supost de quinte essence : qui fit qu'ils le renvoyerent à la Rochelle, ou il a vescu depuis, & en l'isle de Ré, revint en son bon sens. C'a esté le vray proverbe commun qui dit que Dieu garde les fols & les enfans : Car c'est une chose estrange qu'un tel voiage se soit accomply sans naufrage veu les perils desquels il fut accompagné. Or j'en vai raconter un autre non moins hazardeux, & beaucoup plus laborieux qui arriva aussi en l'isle de Ré en mesme temps ; assavoir, qu'en ladicte isle faisoit sa demeure lors, & fait encore à present, un des Pairs & Eschevins de la ville de la Rochelle, & qui a esté Maire, nommé Monsieur des Herbiers, lequel un jour qu'il faisoit assez beau temps partit de sa maison des Hommeaux, ainsi nõmee avec quelques uns de sa famille, pour aller voir le plaisir de la pesche qui se faisoit ce jour là en une petite isle enclavee dans celle de Ré, nõmee

Lois : en quoy faisant & estant arrivé sur le bord du canal qu'il convient passer pour aller en ladite isle de Lois, se trouva qu'il n'y avoit point de bateau pour le voiage ; qui les arresta tout court, & resolus de s'en retourner au logis, un de ses hommes qui lui servoit comme d'œconome ou negociateur en sa maison, nommé maistre Charles, natif de Chasteauneuf en Angoumois, pria ledit sieur des Herbiers d'avoir patience, & qu'il s'asseuroit d'aller querir un bateau qui estoit assez avancé à la mer & qu'il luy ameneroit: Pour cet effet met le pourpoint bas, & tous autres accoustremens qu'il avoit ; & la chemise mesme : se met à la nage, & parvint avec son labeur à bord dudit bateau, qui estoit attaché sur une ancre: entre dedans, & fait tant qu'il le detache, cuidãt l'amener puis apres à son aise à son maistre, & à sa compagnie : mais il en arriva bien autremẽt, comme il pleut à Dieu, contre l'advis de maistre Charles, d'autant qu'ayant detaché ledit bateau, dãs lequel il n'y avoit aucun aviron, au lieu de l'amener à terre voila le vẽt qui le prend & vous l'emmeine avec sa charge (qui n'estoit autre que maistre Charles) si avant à la mer, que plustost que il eust songé il se vid hors du moyen de se rejetter à la mer pour reprendre la terre: & ainsi poussé du vent, qui estoit fort impetueux, il se void en peu de temps à la mer, parmi les ondes furieuses d'icelle, agité tantost d'un costé, tantost de l'autre, n'attendant autre chose d'heure a autre, que d'estre englouty d'un coup de mer. Le voila dõc sur la route incertaine de sa navigation, qui en peu de temps pour comble de son malheur, est suivy de la nuict qui le surprint & l'accompagna tant que elle eut de long, luy faisant traverser en cet estat quatre grãds lieues de mer, tirant vers la Rochelle, ou le lendemain matin il se trouva environ a une lieue de la terre, son bateau demy d'eau: qui ne fut toutefois la fin de l'histoire : d'autant que lors, au lieu que le vent le poussoit à terre, le malheur voulut pour luy qu'il changea, & le tirăt encores de terre, le poussa à la mer; reprenant le mesme chemin qu'il avoit fait la nuict. Et ainsi avec le vent impetueux & la mer malicieuse emmena le povre maistre Charles encore à quatre grands lieues du lieu ou le vent avoit changé, jusques pres d'une terre appellee Laiguillon: aprochant laquelle, & environ d'un quart de lieue le bateau qui estoit presque plein d'eau, fondit sous ses pieds au fonds de la mer: qui lui fut force de recourir a son premier mestier de nage, avec laquelle il fait tant, qu'il gaigna la terre audit lieu de l'aiguillon, qui est terre de Poictou, pres sainct Michel en L'herm, laquelle pour lors n'estoit point habitee comme elle est aujourd'huy, & n'y trouvant que des pasteurs, qui à sa premiere veue apprehenderent, le voyant sortir de la mer, que ce fust quelque triton s'enfuyrent de luy: mais, rassurez en fin, vindrent à luy sans avoir moyen de le couvrir que de sable, dedans lequel ils l'enterrerent jusques au col: & l'un d'eux fut à sainct Michel querir quelques accoustremens, dont ils l'accõmoderent, & l'emmenerent pour le reschauffer: &

de là à quelque quatre ou cinq jours retourna a son maistre, qui ne pensoit plus en lui, pour le tenir au nombre des vivans. Vrayement cette histoire n'est point despourveue des merveilles que nostre Dieu a accoustumé de faire paroistre parmy son peuple : qu'un homme nud ait peu vivre l'espace de vingts & quatre heures dans un petit bateau, les deux parts plein d'eau, parmy la furie enragee des ondes de la mer, qui n'espargnent le plus souvent les grands navires bien equipez & munis de bons hommes & pilotes pour les conduire, joint la saison qui estoit fort froide & aspre, qu'il lui falut supporter : il y a beaucoup d'hommes qui fussent morts de la seule apprehension des maux que passa celui-là. La plus grande commodité qu'il trouva pour luy ayder contre la violēce du froid, c'estoit qu'il se mettoit dans son bateau tout couché dedans l'eau, ou il ne paroissoit que la teste, & lors il ne sentoit tant la rigueur du froid qu'autrement luy estoit insupportable. Vous ne sçauriez croire le peuple qui venoit voir ce povre homme a son retour: la pluspart duquel tenoiēt pour un miracle de le voir retourné vivant, veu le peril qu'il avoit passé. C'est une chose merveilleuse & espouvantable des effets de cet element courroucé.

& me ſouvient avoir veu un jour d'une tres-grande tourmente qu'il fit le jour, comme l'on dit, que feu Monſieur mourut en Cambreſi; deux navires Ollonnois eſtant en rade & à l'ancre devant le bourg ſainct Martin, environ à une lieue au plus, ne pouvant plus ſupporter les coups de vagues & ondes enragées; L'equipage d'iceux reſolurent de ſe jetter dedans le port de ſainct Martin: & a cette fin mettent un peu de voiles pour les y cõduire avec laquelle vous les voyiez venir parmy ces grandes vagues, tãtoſt couverts d'icelles, tantoſt relevez ſur elles: en fin preſts d'entrer dans le port, ſur lequel j'eſtois avec bon nõbre d'hommes qui prioient Dieu pour la conduite de ces deux navires ; furent prins d'une vague si furieusement, quoi qu'ils eussent quasi leur proue au dedans dudit port ; qu'elle les jette a costé dudit port, à la coste qui n'est que roche, sur laquelle en mesme instant & en moins de demie heure, les voila tous deux renversez sur le costé, & brisez, & rompuz en mille pieces, le vin dõt il estoit chargé à la mer, & les povres mariniers sur le costé du navire, qui n'osoyent hazarder de se sauver en se jettant à la mer & hors de la puissance de tous ceux qui estoient a terre de les pouvoir secourir, quoy que nous n'en fussions pas à vingt pas, pour les grandes vagues qui venoient rompre à ladite coste. Toutesfois quelques mariniers desesperez se jettent dans une chalupe, & malgré le vent & la mer, font tant, qu'ils parviennent jusques ausdits navires: & avec un merveilleux hazard sauverent tous les mariniers sans qu'il s'en perdist un seul. I'ay veu autresfois la mer grande, mais je ne pense point avoir veu en jour de ma vie les vagues si impetueuses à ladite coste; le long de laquelle il fut sauvé quelque partie du vin qui estoit esdits navires, & quelque piece d'iceux que la mer y jettoit, à la peine & au travail du peuple, qui s'y employoit, dont la coste estoit toute garnie, afin d'aider aux povres maistres desdits navires, qui voyoient devant eux les perdre, & leurs marchandises, sans y pouvoir remedier: bien-heureux neantmoins d'avoir sauvé les personnes au milieu d'un si dangereux naufrage.

ESTRANGE MAladie & contagieuse qui se mit dedans un navire au voiage du Perou, ou la plusspart de l'equipage moururent.

EN l'an 1589 & environ le mois de May, deux navires l'un du port de cinquante cinq tonneaux, & l'autre de trente cinq, avec une patache de dix tonneaux furent equippez en guerre dans la ville de la Rochelle, pour faire le voiage de saincte Helene, qui est une isle entre le Calicut &

la coste du Bresil, ou y peut avoir de dix-sept à dix-huict cẽs lieues, tous equippez & d'hommes & de vituailles necessaires pour tenir la mer un an & demy. Sur lesdits navires & patache commandoit le Capitaine Trepagné, de Diepe, qui avoit pour son pilote & maistre principal le Capitaine Richardiere demeurant en l'Isle de Ré, hõme qui avoit autresfois fait tels voyages : & en cet equipage partis qu'ils furent de la Rochelle, vont recercher le Cap de Fine terre, qui en est bien à sept vingts lieues, de là aux Canaries, qui sont à trois cẽs lieues par delà, & puis à la coste de Barbarie, dedans la riviere de

Lore, qui en eſt bien à cinquãte lieues : dedans laquelle ils
trouverent un navire Portugais
du port de quatre vingts tonneaux, chargé de truils ou chiẽs
de mer parez : & puis levant la
voile s'en vont au Cap de Blãc
à la meſme coſte de Barbarie,
eſloignee de bien cent quatre
vingt lieues: ou eſtãs, eſchoue-
rent leurs navires a terre pour
les nettoyer & accommoder:
ce qu'ils firent en toute ſeure-
té, par ce qu'en cet endroit de
coſte il n'y a nulle habitation
plus proche qu'un chaſteau appelé Gravy, que l'Eſpagnol tiẽt,
loing de quatorze bõnes lieues.
Leurs navires accommodez &
racouſtrez, s'en vont au Cap de

Vert environ cent ou six vingts lieues par delà: & sur le chemin prindrent deux navires qui alloient au Bresil, dedans lesquels y avoit beaucoup de sortes de marchandises propres pour ses pays là, comme draps de soye, toiles, marroquins, draps, & autres marchãdises; avec farines, vins & autres vivres, dont ils chargerẽt une partie dans leurs navires: & envoyerent un desdits navires par le Seigneur de la Popeliniere, qui s'estoit embarqué audit voyage pour y voir ce pays: & ne se contentãs de ce qu'ils avoient fait, se mirent à la mer pour passer outre: mais le vent leur estant contraire, furent contraints revenir au

Cap de Vert, ou ils sejournerẽt trois mois en attendant le beau temps : pendant lequel mirent pied a terre, firent un four ou ils cuisirent du pain & du biscuit, sans qu'ils eussent aucun empeschement des habitans, qui sont tous negres, allãs tous nuds, & vivans de mil, de ris, & d'une racine qu'ils appellent Couscou. Le vent estant revenu bon, & eux preparez, sortẽt du cap de Vert, & font la route du Bresil, esloigné de quatre cens quatre vingt lieues: ou arrivez qu'ils sont, & a la coste d'icelui, prindrent un petit carvelin chargé de meuillets, & d'autre poisson paré. & apres l'avoir deschargé, le Capitaine

Trepaigné fut d'avis de l'equiper en guerre, & lui-mesme avec sa patache courir le long de la coste dudit Bresil, pour voir s'il pourroit faire quelque rencontre pēdant que ces deux navires se promeneroiēt a la mer a deux & trois lieues de la coste. Ainsi s'embarque Trepaigné dans une de ces pataches avec dix-sept hommes, & en met unze dedans l'autre, donnant commandement au Capitaine Richardiere qu'il laissoit dedans son grand navire, de l'attendre quinze jours. Cependant il demeure avec lesdicts deux navires, non seulement quinze jours, mais cinq semaines entieres qu'il n'eut aucune nouvelle du Capitaine Trepagné, ne de ses barques: & durãt icelles se mit une telle maladie, & si contagieuse dans lesdicts deux navires, que force luy fut de reprendre la route de France; d'autant que tous les jours les hõmes desdits navires mouroient. Partant laissent là Trepagné avec ses deux pataches, & s'en vint Richardiere avec les deux navires jusques aux isles des Essores; devant lesquelles le petit navire faisoit tellement de l'eau, qu'il coula bas au fond de la mer, encore qu'ils fussent a cinq cens lieues de la Rochelle: & sans que Richardiere fut prompt de prendre ceux de l'equipage dudit petit navire,ils fussent peris: mais les ayant recueillis dans le grand navire, la maladie augmenta de telle façon,qu'ils ne demeurerent gueres ensemble, que la mort n'emportast tout l'equipage;dont ne se trouverent que unze : mais premier qu'ils fussent arrivez à Belle-isle, ne demoura vivant que Richardiere & son garçon,& un malade, & un autre qui mourut audit Belle-isle : de maniere que plus de deux cens lieues, le navire fut amené par ledit Richardiere & son garçon, ou vingt hommes sont assez empeschez ordinairement à la conduite d'un pareil port. Mais à la verité luy & son garçon estoyent tellement

tra-

travaillez, qu'il n'y avoit moien qu'ils peussent plus rien faire, pource que jour & nuict ils avoient esté contraints de veiller à leurs voiles & au gouvernail, en telle sorte qu'arrivant à la coste de Bretaigne, deux mois & demy apres qu'ils estoyent partis dudit Bresil, ils se resolurent de frapper le navire à la coste, sans qu'un navire de guerre de Brouage les aborda, qui n'aians trouvé que ledit Richardiere & son garçon sur les pieds, un mort au pied du mast, & deux autres malades, prindrēt ledit navire & ce qui estoit dedās: & mirēt ledit Richardiere dās une barque de Normandie, qui s'en alloit à la Rochel-

lequel estant arrivé, eschappé de si grands dangers le voila accusé par la femme de Trepagné d'avoir tué son mary, & a sa requeste il est constitué prisonnier, & tellement poursuivy qu'il fut en grand hazard d'estre pẽdu: toutesfois ne se trouvant preuve suffisante, fut eslargy, en attendant que plus grande preuve s'en pourroit tirer. Or nous dirons un mot de ce qui advint à Trepagné, lequel ne pouvant reprendre ses navires pour ne les avoir peu rencõtrer, met pied à terre au Bresil avec ses gens; ou il est bien receu des habitans qui ont accoustumé de trafiquer avec les François, & l'accommodent si

Bien, qu'il leur accorda de faire la guerre avec eux contre les Espagnols: & de fait y demeura pres d'un an & demy avec leur grand contentement: à la fin s'en retourna dans un navire du Havre, & depuis fut tué au siege de Rouen. Richardiere qui m'a conté ce discours, & decedé depuis un an, m'a raconté apres l'en avoir enquis, des moeurs & conditions des Bresiliens avec lesquels il a frequẽté plusieurs fois: Premierement dit que hommes & femmes vont tous nuds, sans avoir aucun poil, soit à la teste ou autres parties de leurs corps, se l'arrachãt tout aussi tost qu'il leur en vient quelqu'un, reservé toutefois les femmes mariees qui se le laissent venir quelque peu à la teste, & aux parties honteuses. La courtoisie qu'ils vous font lors que vous estes pied à terre c'est de vous donner une fille pour vous servir, & pour vous aller cercher provisiõs pour vivre, laquelle vous n'oseriez refuser, sans deroger à la coustume locale. Il dit qu'ils adorēt le diable, & le craignent merveilleusement, ayant voyagé de nuict avec eux: & que à toute heure ils luy demandoyent s'il ne le voyoit point, luy mõstrant mesme avec le doigt: mais neantmoins il ne voyoit rien. Il a esté avec eux le long de la coste de Conserve ou les habitans de ce quartier là: communiquent avec le diable: mesmes que quelquesfois ils portoient quelques vivres qu'ils disoient luy porter pour manger : & ne vous permettoient pas d'aller avec eux. Ils sont travaillez d'une merveilleuse afliction & bien estrange: C'est qu'encore que vous eussiez les pieds chaussez dedans des bas de chausses, un escarpin & de mules dessus, cela ne peut empescher qu'il ne se loge sous la plante du pied, un ver gros comme un gros grain de froment, lequel a mesure que vous le sentez, incontinent faut le faire tirer, autrement en danger de perdre le pied ; a quoy les Bresiliens sont tellement accoustumez qu'ils n'en font aucun estat : & sans que les François sont assistez des filles que l'on leur donne pour les servir, plusieurs y laisseroient les jambes. Ils aiment infiniment les François : & lors qu'il en arrivera un en un vilage, tous les habitans seront empeschez à luy faire bonne chere: viendrôt quelques vieilles qui prendront ce Frãçois par les jambes pleurans a chaudes larmes, racontans combien les François leur ont monstré d'amitié par ci devant, estans venus de si long pays pour leur ayder à combatre les Espagnols leurs ennemis: que jamais ils ne sauroient leur rendre la pareille: lui laveront les pieds le traitteront de ce qu'ils auront, ou bien iront à la chasse pour luy, & le mettront coucher dans des licts de coton, pendus a quelque bois de la Cabane ou ils sont; dedans l'une desquelles il y aura bien deux & trois cens personnes. Qui leur veut faire plaisir, il faut les asseurer que l'on à tué beaucoup d'Espagnols & Portugais, en prenant du sable, & le versant devant eux, pour faire croire que le nombre est infiny. Car toute leur arithmetique ne passe pas les dix doigts de la main, lesquels apres avoir contez les uns apres les autres, s'il y a quelque plus grand nombre, prenent du sable en la main

&le verſent:ou bien s'il y a grãd nombre en prendront dans les deux mains. Les priſonniers de guerres qu'ils font ſur les Eſpagnols ou Portugais, ou autres ſauvages leurs ennemis, ſont mangez ſans remiſſion par pluſieurs vilages tous aſſemblez en feſtin ſolennel, lors quand il plaiſt a ceux de qui il eſt priſonnier. Et ſi d'aventure c'eſt un ſauvage, celui qui l'a prins l'aiãt amené, le mariera & le gardera quelquefois ſept, huict, dix & douze ans ſans en faire aucune garde, & qu'il aura eu des enfans de la femme qu'il luy aura donnee, ſans que le priſonnier ſe mette en aucun devoir de ſe ſauver, quoy qu'il ſache bien qu'a la fin il sera tué & mangé; reputant à tresgrand sacrilege de se sauver de la prison, & dont il seroit mal venu des siens, qui le tiendrient pour un poltrō, & qui ne se seroit asseuré qu'il avoit des amis pour le venger. Finalement lors qu'il plaira au premier de faire festin a tous ses voisins, il les fera advertir du jour de la solennité, ou tous se trouverōt quelquesfois iusques au nombre de deux & trois mille personnes, dequoy le prisonnier sera très bien adverty, qui n'en fait que rire sur l'asseurance qu'il prend d'aller en un autre pays fertil en toutes sortes de fruicts : d'ailleurs qu'il a tant d'amis en son pays, que pour venger sa mort: ils en feront mourir cinquante. Le iour donques venu de la feste, le patient sera amené en place, tout couvert partie du corps de certaine gomme qu'ils ont, & dessus semé de petites plumes; lui donneront des pierres en la main & luy permettront de les jetter contre qui bon lui semblera, lui disans, venge toy. & apres qu'il aura fait ce qu'il aura voulu de folies, il arrivera un homme, lequel ayant une espee de bois de Bresil, viendra par derriere luy & lui en dōnera plusieurs coups sur la teste, & sur le corps, jusques à ce qu'il soit assommé. Puis incontinent qu'il est par terre, il y aura une vieille qui lui bouchera tous les conduits de ſon corps juſques au plus des-honneſte, & lui coupera meſme la partie generative : & puis ſur une grande grille faite de gros bois, le mettront ſur un gros braſier boucaner qu'ils apelent, & puis bien revenu, le mettent en pieces & le mettent dans des poiſles avec force farine d'herbe dont ils uſent & cela bien cuit & bouilly, le mãgent tous en commun; & aportent tout ce qui ſera d'autres proviſions dans le vilage, & feront deux ou trois jours à ne faire que manger, danſer, & boire d'une eſpece de vin qu'ils apellent vin de cajou; & puis chacun ſe retire en ſon vilage, attẽdant une autre fricaſſee. Ce qui en eſt bien eſtrange eſt que durant la vie & mariage du priſonnier ſi ſa femme a des enfans, quand il plaira au preneur il les mãgera avec ſes voiſins, & ſi la mere ne fait difficulté d'en mãger, diſant à ceux des François qui l'en blaſmoient, que les enfans n'eſtoient point à elle, que ils n'eſtoient qu'a ſon mari, qui n'eſtoit point de ſa nation, ains ennemy de la ſiẽne. Il y a beaucoup d'autres mœurs de ce peuple dõt j'ay ouy parler quelques ſoldats, qui depuis 2 ans ont fait le voiage au Breſil avec un Capitaine de la Rochelle nommé le Capitaine Rifaux; Mais pour ce que je croi qu'il y aura quelqu'un qui s'y ſera trouvé qui n'aura eſté pareſſeux d'en eſcrire, Ie m'en tairai & pourſuyvant le diſcours de Richardiere, nous dirons donc que ce Richardiere à fort voyagé, & a pluſieurs fois au Perou, & aux Iſles d'iceluy: & entre autres en une iſle nommee la Marguerite, ou ſe peſchēt les perles, dont il a veu peſcher pluſieurs par des negres, qui ſe jetans tous nuds dedans l'eau, vont au fond, & apportent quelquesfois cinq ou ſix huiſtres, quelquesfois plus, quelquesfois moins: leſquelles ils ouvrent tout auſſi toſt, ſans les faire chauffer, y trouvent és unes une perle, aux autres deux & en quelques unes trois: &

ces negres apres s'estre mis dãs de petits bateaux faits d'escorce d'arbres, apellez Canot, portent leurs huistres ou perles vẽdre ou changer avec ceux qui trafiquent en ce pays là. Pour la confirmation du Coup de vent apellé Houraquan, ledict Richardiere m'a dit s'estre trouvé un voyage au Perou qu'un navire de Diepe nommé la Salemande, du port de trois cens tonneaux, ayant esté rencontré par ce coup de vent à l'ouvert d'une riviere qui est une isle apellee Couroussa le jetta dix lieues en terre au dedans ladite riviere, de laquelle l'on ne peut le tirer de trois mois quelque diligence que peurent y employer ceux qui y commandoient. Dit avoir veu des arbres plus gros que deux pipes, avoir esté arrachez par le vent Houraquan, & emportez plus de six lieues en terre, tous bruslez: mesme y avoir veu des pieces grosses cõme tonneaux emportez & bruslez: & asseure que un navire rencontré prés de terre par ce coup de vent, il peut estre emporté sur terre ferme dix lieues & ne s'en sçauroit sauver. S'estant trouvé aux Isles du Perou au Cap de sainct Nicolas, ou il ayda à ramener une chalupe à la mer, que le vent avoit jetté trois lieues en terre. Voila des choses monstrueuses & inouyes, & sans que beaucoup de gens qui ont frequenté le Perou affermant tous la violence & force de ce coup de vent, je feroi grand doute de la verité, à l'imitation de plusieurs personnes, qui ignorans beaucoup de choses qu'ils n'ont point veues ou apprinses, ne peuvent estre persuadez à les croire: Mais la puissance de celuy qui conduit l'ordre de ce monde, nous faisant voir si souvent des effects de sa grandeur, est suffisante à nous faire croire, non seulement de transporter des navires de mer en terre, mais de changer les montagnes de lieu en autre: & d'assembler dans le premier cahos tout cet univers. Sa bonté & sa grace nous ſoit donc favorable , & nous face ceſte faveur, que noſtre courſe accomplie ſelon ſa volonté, il nous rende jouiſſans de ſes biens eternels, & celeſtes, qu'il a reſervez pour ſes bien-heureux. A lui ſoit gloire à iamais,

Amen.

Qui s'expose au public, qu'il s'arme de patience.

A. B. S. D. R. D.

Qui s'ennuye au pu-
blic, qu'il n'a pas de
patience.

A. B. S. Q. Z. D.

www.ingramcontent.com/pod-product-compliance
Ingram Content Group UK Ltd.
Pitfield, Milton Keynes, MK11 3LW, UK
UKHW021503230726
13924UKWH00012B/1876

9 782019 927677